しょぼい起業で生きていく

えらいてんちょう

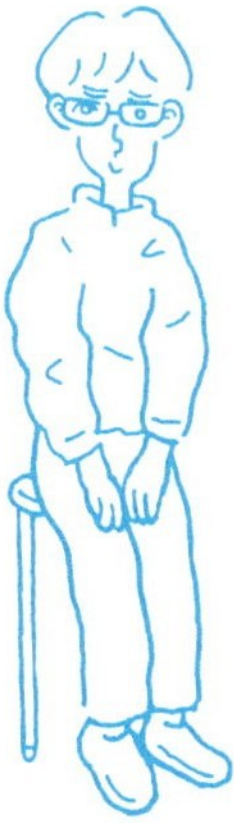

イースト・プレス

しょぼい起業で生きていく

はじめに

どうも、えらいてんちょうです。

突然ですが、「起業」というと、どんなことを思い浮かべますか?

一発当てて、成功すれば大金持ち、失敗すれば山ほど借金を背負うギャンブル。そもそも初期投資と運転コストがあるので、「開業資金」を1年ぶんくらいは用意しておかないと黒字化もままならない。当たるのは時代の潮流を読める一部の人か、特殊な技能を持った人で、大半の人は月末に手形の決済が無事にできるか、今月は乗り越えられるかと気を揉《も》み続け、やがて生存競争に負けて店がつぶれる……。

「安定こそ第一」、そして「失敗したらおしまい」という価値観で生きてこられたみなさんは、そんなことを考えておられるかもしれません。

はたして本当にそうなのでしょうか。

この本では、**そんな従来の「起業」というイメージとはまったく別の、「多額の開業資金」も、「特殊な技能」も、「綿密な事業計画」もいらない「しょぼい起業」**という新しい考え方と、その方法をみなさんにお伝えしていきます。

軽く自己紹介をしますと、私、えらいてんちょうは、1990年生まれの27歳で、現在、妻と息子と暮らしています。一度も企業で働いた経験はありませんが、それなりに満足した生活を送っています。

大学在学中に「就職活動なんてやってられない」「そもそも毎朝、決まった時間に起きてスーツ着て満員電車に乗って会社に通うのが無理」という理由で、とくに綿密に営業計画を立てたわけでもなく、きわめてあいまいに起業しました。

2015年秋に、初期費用50万ほどで、最初のリアル店舗であるリサイクルショップをオープンさせたあと、「イベントバー」というシステムの、ちょっと変わったバーをオープンさせました。

起業するにあたって、とくになんの計画も準備もしなかったわけですが、リサイクルショップがあたり、バーがあたり、その「しょぼい起業」の方法をいろんな人に勧めているうちに、あっという間に系列店が10店舗以上に増えました。

ちなみに、リサイクルショップをオープンさせたころにtwitterアカウントを開設しまして、「えらいてんちょう」を名乗り始めました。「てんちょう」だけでは個性がないので、「私はえらいんだ」と言いたくてそう名乗ったのです。当時、誰も私のことを「えらい」とは言ってくれていませんでしたが、自分で自分のことを「えらい」と言わなければ誰もえらいとは思ってくれません。

それから3年以上経ちまして、会社はなんとなく業務を拡大していき、おかげさまで私のことを「えらい」と言ってくれる人が結構増えてきました。私がいまでも「えらいてんちょう」と名乗れているのは「私のことをえらいと思ってくれている人」が存在するからです。本当にありがたいことです。

さて、起業についてのお話に戻ります。いまの世の中、大学だろうが専門学校だろうが、学校を出たらサラリーマンになるために就職活動をするのが、ある種当たり前になっています。

サラリーマンの収入ですが、国税庁のサイトによれば、2016年の平均給与（年収）は正規雇用の人で487万円、非正規の人で172万円だそうです。この正規雇用の人の中には、大企業で1000万超もらっている58歳部長とかそういう人も含まれますので、20代や30代の平均年収はおおよそ350万円くらいだと思います。

朝早く起きて、満員電車に揺られ、会社で上司に意味不明な指示をされたり、客に理不尽に怒鳴られたり、えんえん残業を強いられたりしてクタクタになりながら、また満員電車に揺られて家に帰り、あしたもまた会社だから寝るだけ。この生活を毎日続けて得られる年収がさっきの数字です。平均ですからもっと低い人もいるでしょう。

それができる、苦にならないという人なら構いません。サラリーマンにはサラリーマンのメリットがたくさんあります。ただ、世の中にはいろんな理由でサラリーマンとしての生活が難しい人もいます。たとえば私のように、朝どうしても起きられないとか、満員電車が耐えられないとか、あるいは1日8時間机に向かっていられないとか。もっと言えば、単純にそんなサラリーマン生活が嫌になったとか、身体を壊してしまったとか。そういう人はどうやって生きていけばいいのでしょうか。

大丈夫です。起業しましょう。

「いや、さっきも言ったけど起業ってお金かかるよね？　そもそも初期投資の資金もないし、運転コストもかかるし。やっていけるわけがないよ。それに失敗したら借金まみれになる」

いいえ、やれます。そういう人にこそ、私が提唱する「しょぼい起業」を勧めます。私が作った謎会社は、まもなく設立7年になります。自分で作った店舗は、あるものは売却し、あるものは全国に展開して、その会長的な立場に就きました。いまはコンサルタントや投資などで生計を立てております。

大事なのは、これは私だから成功した方法論ではないということです。正直、多少のコツさえつかめば、わりとふつうにできます。そんなに難しくもないし、ギャンブルでもありません。

生きていくのはそんなに難しいことではありません。もう会社組織の中で生きていくのが嫌な人、そもそも会社に入れなかった人、会社を辞めてしまった人。起業したけど読みを誤って失敗した人、アルバイトをやってもやっても続かない人。みんな大丈夫です。なんの問題もありません。最初から大きなことをやろうとしなければ、いくらでも道はあります。まあ、読んでみてください。

やっていきましょう。

第1章　もう、嫌な仕事をするのはやめよう

第2章
「しょぼい起業」をはじめてみよう

第3章
「しょぼい店舗」を開いてみよう

第4章 「協力者」を集めよう

第5章

しょぼい店舗を流行らせよう

第6章

「しょぼい起業」実例集

pha×えらいてんちょう対談

「お金」に執着しない生き方

借金玉×えらいてんちょう対談
草むしりから始める「しょぼい起業」

第1章

もう、嫌な仕事をするのはやめよう

組織で働くのが無理なら起業しよう

改めまして、どうも、えらいてんちょうです。

「はじめに」でお話ししたように、私は学生時代、「朝起きて満員電車に乗って通勤するのが嫌」という理由で、最初から就職活動も一切せず、なんの計画もなしに、とりあえず起業しました。

学生時代に起業をした、と言うとなんとなく「意識高い学生起業家」みたいに思われるかもしれませんが、私の場合は違います。

じつは「商社でバリバリ働きたい」みたいな願望もあったのですが、私の特質上、どう考えてもそれは無理でした。

朝起きられない、意味もなく人に頭を下げるのが嫌い……**私の特性を冷静に分析すればするほど、会社という組織で、サラリーマンとして働くのはほぼ不可能**だという

毎朝起きて、満員電車に乗るの無理。

ことが、学生時代から明白でした。そもそも大学に行くのすら困難な時期もあり、どうにかこうにか卒業までいけた、という感じでした。

いま振り返ってみると、やろうと思えば、どこかの会社に入社すること自体はできたかもしれません。ですが、結局はすぐに退職していたと思います。

そんなわけで、「就職」という道から逃げつつ、なんとか生活していくために、とりあえず起業という形をとったのです。

つまり、私の場合、「上場したい」「大きな会社を作ってイノベーションを起こしたい」とか、そういった大それた目的や夢があったわけではなく、**消去法的に起業したわけです**。

最初は、知人づてにテープ起こしや簡単なライティング作業などを請け負い、便利屋的な仕事をしていました。

そのうち、リアル店舗であるリサイクルショップを始め、次に学習塾、そしてちょっと変わったバーを出店するにいたりました。

現在は、商売繁盛で手が回らなくなり、リサイクルショップや学習塾は事業譲渡し、私はアドバイザーという位置におります。現在は、私が立ち上げたバーのフランチャイザー兼会長としての活動に加え、「しょぼい起業」という概念を提唱し、事業のプロデュースやコンサルタント、その他あいまいに儲《もう》かるもの、儲からないもの、などを手広くやっております。

「なんだ、成功者じゃないか。たまたま生き残ったから言えることだよ」と言う人がいるかもしれません。

あるいは私のことを「いまたまたま流行《はや》っているだけだろ、そのうち首が回らなくなる」と見ている人もいるかもしれません。

何をもって成功かという問題はありますが、私の感覚においてはとりあえず妻と子どもと私が食べていければ成功ですので、そういう意味ではまぎれもなく成功者です。自分の成功を自分だけで独占するつもりはなく、みんな考え方を変えれば1秒で幸せになれると思っています。首が回らなくなる問題については、まったくもって無借金で事業を回していますので、首が回らなくなりようがありません。それでやっていけるのです。ただ、**起業したときの私は特筆すべき技術も資産もない、ふつうの人間でした。**

つらいことをやる必要はありません

この本は、本来は事業を立ち上げたい人向けのつもりでしたが、会社勤めがつらかったり、就活がしんどかったり、アルバイトをやってもうまくいかなかったり、その他いろいろなことで困っている、現在は起業なんて考えていない人にこそ読んでほしいと思って書きました。

なぜか。私のいちばん言いたいことは、もう最初に書いてしまいますが、**「あなたはつらいことをやる必要はない」**ということだからです。仕事がおもしろくない、給料が安い、朝起きられない、満員電車乗りたくない、上司や取引先に謎の理由で怒られたくない。いま会社勤めやアルバイトをしている人、あるいはこれから就活をひかえている、かなり多くの人がこう思っているのではないでしょうか。

「とりあえずサラリーマン」という価値観の終焉

そもそも、「なぜ人はサラリーマンになるのか」というところから考えてみましょう。会社に勤めるということは、会社と契約を結んで、自分の時間を売るということです。たとえば、週5日、1日当たり8時間、月20万円という契約で、その会社の定めた規則によって、経営者（またはその意を受けた上司）の命令に従う、というのが、「サラリーマンになる」ということです。サラリーマンになるメリットとして、契約内容によっては、年に何回かボーナスが出たり、有給休暇があったり、福利厚生としてどこかの施設が安く使えたりします。

その会社でなければできないことがあるから、そこで働きたい。あるいは、そういう生活が苦ではない、というのであれば、サラリーマンとして生きていくことになんの問題もないでしょう。会社員や公務員は、ある程度安定した収入を見通せますし、だからこそローンもクレジットカードの審査も通りやすいわけで、ふつうは毎日売り上げに一喜一憂する必要もなければ、たったひとりで手練の商人の群れに放り込まれて、身ぐるみ剥《は》がされることもありません。

それでも、もう毎日ペコペコする生活は嫌だ、もう無理だ。このままでは自分はどうにかなってしまう。そういう人が、這《は》ってでもサラリーマンを続けなければならない世界のほうがよっぽど不幸です。

いままでは、それでもサラリーマンでよかったのです。戦前は個人商店や農家が多かった日本が、戦後になると高度経済成長の波に飲まれ、なんらかの会社で働くサラリーマンがどんどん増えていきました。しかし、真面目にコツコツ定年まで働けば、結婚して、子どもができて、車を買って、郊外に小さな一戸建てが買えて、子どもたちを大学までやることができ、老後は年金をたっぷりもらって生きることができたのです。

ところが、バブル崩壊後のいわゆる「失われた20年」で、このモデルは完全に崩壊しました。働く側としては、会社がいつつぶれるかわからない、つぶれなくとも自分がいつリストラされるかわからない。会社側としては、とにかくつぶれないために人件費を削減したい、だから高い給料の高年齢層をリストラし、若い人材を安く雇い、仕事を合理化して、ひとり当たりの業務負担を大きくする。こうなると、それぞれは最適解を出しているはずなのに、**「サラリーマン」という選択肢が決して若者にとって最適解ではなくなってきます。**

名目で月20万円いくかいかないか、人によっては手取り15万円を切るような安い給料で働かされて、残業もあります、時には転勤もあります、毎朝満員電車に揺られてきて、帰りは終電で帰ってください。こんな状態をつらいと思う人が出てくるのは当然です（何度も言いますが、苦に思わない人もいるでしょう。それはそれで構いません）。

プライベートの時間もほとんどとれないし、家族と触れ合うこともできません。そもそも、この生活を続けていて、結婚、子育てなんてどうやってやれというのでしょうか。生活のすべてをささげる覚悟でなったサラリーマン、その会社がもしつぶれたら。あるいは、会社に居続けることで心を病んでしまったら。貯金なんてする余裕はないので、車や家が買えるどころではなく、即座に生活が危機に瀕《ひん》してしまいます。

「サラリーマン生活がしんどい＝落伍者」ではない

よくないのは、**この状態を苦に思う人に「落伍者《らくごしゃ》」のレッテルを貼ってしまうこと**です。あいつは脱落したんだ。だからもうレースには勝てない。そう言うのは勝手ですが、その「レース」とやらは誰が主催して、誰が勝ち負けを決めるレースなのでしょうか。

もちろん誰かが勝手に開催するレースのことなんか右から左へ受け流せる人なら問題はありません。が、往々にして、人は自分のいる世界の価値観しかわからないものです。いつしか、みんな学校を卒業したら、自然とサラリーマンになるものだと思っています。そのサラリーマンの世界は、もうとっくに「全員成功者への道」ではなくなっているというのに。

サラリーマンが嫌になったら、辞めてしまえばいい。簡単なことです。休んでいてもお金がもらえることになっている規則があるなら、休みましょう。あなたは会社のルールに従った結果、会社のことが嫌になったのですから、せめて会社のルールに従って、会社からもらえるものはもらいましょう。それも無理になったら、辞めてしまいましょう。

アルバイトだって、しんどい人はたくさんいる

アルバイトがしんどいという人もたくさんいるでしょう。シフトがキツい。バイトなのにやることがめちゃくちゃ多くて、ほぼ社員くらい働いている。やっぱり朝がつらい。アルバイトの場合は、ある程度応募する段階でこちらでも選ぶことができるとはいえども、もうこのバイトは無理だ、と思っている人もいるでしょう。

これはアルバイトに限らないのですが、自分が「何が苦手でつらいのか」を分析し

ておくことが大事です。このアルバイトのこの仕事は大丈夫、全然オッケー。これはあんまり好きじゃないけど、まあまあ許容範囲。この仕事に関してはもう無理、やれる気がしない。そういうことは「しょぼい起業」をするにあたっても自分で把握しておいたほうがいいと思います。のちほどご紹介しますが、アルバイトにもいろんな種類がありますし。

日本にいるかぎり飢え死にはしない

それでどうやって生きていくのか、と思う人は、もう少し視野を広げてみてはいかがでしょうか。いくらでも生きていけますよ、この世界。本当に食えないほどお金がない人は、逆に何にお金を使えばそんなにお金がなくなるのかと思います。

本当に働けない人には、生活保護という手段があります。日本という国家が崩壊しないかぎり、生活保護を受ければ食べていくことはできるはずです。私は生活保護の受給支援をしていたことがありますが、生活保護を受ける人の中には結構しんどい人もいて、たとえば初日に酒とタバコとパチンコで１カ月ぶんの生活保護費を全部スッてしまうケースなんてザラにあります。

そういう人が、１カ月の残り30日、何も飲まず食わずで飢えて死んでしまうかというと、決してそんなことはないわけです。私も相当な数の生活保護受給者を見てきましたが、飢えて死んでしまった人はひとりもいません（全国的にひとりもいないとは言っていません。そんな例もあるでしょう。ですが全体的に見れば割合は大きくないはずです）。人の家に転がり込み、どこかから食べ物や飲み物を見つけてきて、なんとかして１カ月をもたせています。彼らは生き方がヘタだとは思いますが、生きていけてはいるのです。極端な例でしたが、あなたがお金をもらった初日に酒とタバコとパチンコで全部使い切ってしまうような人であったとしても、生きていく手段は担保されています。

では、たとえば日本国に革命が起きて、生活保護という手段がなくなってしまったらどうするか。そんなときは九州に行きましょう。私には九州出身の友人が何人もいますが、九州でも南のほうだと過疎の町がいっぱいあり、空き家がやたらと存在するそうです。食べ物はそこらへんに生えていますし、生えていなければ自分で作ればいい。耕作放棄地もまた無限にありますから、どこでも作物は作れます。雪はめったに降りませんから凍え死ぬことはありません。

お金を使わなくても、楽しいことはたくさんある

「食っていくことはできるかもしれない、ただそれ以上に何もできないじゃん、娯楽費は？」などと考える人がいるかもしれません。みなさん、娯楽費って何を想定してますか？　昔馴染《むかしなじ》みの友達との飲み会やカラオケ、まあこれは必要でしょう。しかし、毎月予算をつけなければならないものとも思えない。パチンコや競馬、などと言う人もいますが、このあたりは吟味が必要です。

パチンコ、競馬、あるいは、キャバクラやガールズバーの類《たぐい》でも構いません。これ

らを自分の収入の範囲で趣味として嗜《たしな》むのは構わないでしょう。しかし、「これらがないと暇がつぶせない」となってくると、話は変わってきます。これらがないと、本当に暇がつぶせないものでしょうか。

たとえば、あなたの自治体に図書館ありますよね。興味があるジャンルの本だけでもおそらく300冊くらいはあるでしょう。1日1冊読んで、1年つぶせます。これ、当たり前ですが、無料なんですよね。1年つぶせる趣味が、初期投資も会費もいらない。しかも、あるジャンルで300冊読めばそれなりにその分野のことはわかりますから、そのジャンルでいっぱしの論者になることができる。これが「文化」というものではないでしょうか。

あなたの住んでいる自治体にあなたは税金を納めているわけですが、雑に言えばその税金の使い道がここです。つまり、あなたは納めている税金をここで取り戻せることになります。「いや、あまりにもあなたは本を借りすぎているのでちょっと……」と言われることはありません。

それ以外にも自治体がやっている、安くて時間がつぶせる「文化」の体現はいくらでもあります。東京都内だと、公営の博物館や美術館の類が山ほどありますね。たとえば両国駅前にあるでっかい建物、江戸東京博物館。ここは観覧料600円ですが、朝から行って、おそらく一日では見終わらないほどの展示品があります。「文化」の極みですね。パチンコで1000円スるのは一瞬ですが、江戸東京博物館に行くと600円で一日つぶれます。

もちろん、その展示品をおもしろいと思えるかどうかは「教養」の問題です。教養がないと図書館に行っても読める本がありません。ですので、教養があるかないかは「文化を享受できるか」どうかに直結します。

身体を鍛えたいからジムに行こう。はい、これもいい時間のつぶし方です。街のジムに月額1万円払って通うのも手ですが、さらに節約したいなら、公営のジムやプールなどがあります。利用料は1回300円とか500円とか。ちょっと家から遠いなら、自転車で行きましょう。行きは自転車で運動して、ジムで運動して、帰りも自転車で運動する。これも立派な「文化」です。

あるいは、みなさんだいたいスマホ持ってますよね。ということは、インターネットに接続できるということです。ネットは暇つぶしの海ですから、これを端から見ていくと、相当な時間がつぶれていきます。たとえば、みなさんご存じWikipediaやYouTubeとか。無限に時間がつぶせますよね。

ここで最初の話に戻ります。パチンコや競馬、キャバクラ。どれも学びがありますし、時間のつぶし方のひとつとして、個人の収入の範囲で楽しむぶんには構わないと思います。ただ、「お金がないと時間がつぶせない」と言う人はちょっとマズいと思ったほうがいいでしょう。無料の娯楽はいくらでもあるのです。あなたがそれをおもしろいと思えるかどうかです。

ちなみに、本当に本を読む習慣がなくて、活字は苦手だと言う人。図書館には児童文学コーナーがあります。児童文学は非常にわかりやすく書いてありますし、それでいて内容は深いものも多い。ミヒャエル・エンデの『モモ』はどこの図書館に行っても児童文学コーナーにありますが、学校で心理学を学ぶ人は必ずもう一度読まされる、というほど、大人が読んでも深い本です。サン＝テグジュペリの『星の王子さま』なんかもそうですね。児童文学でなくても、夏目漱石の『坊っちゃん』、筒井康隆の短編、星新一のショートショートなど、いわゆる笑えて読める本というのはたくさんあります。

本は逃げませんので、一度図書館に行ってみると、あなたの時間の過ごし方が変わるかもしれません。

ここで出したのはあくまでも一例ですが、つまり、「お金がない＝楽しみがない」というわけではないのです。

逃げても「やっていく」ためのヒント

私がこの章で言いたいのは、**「嫌なことからは逃げろ」**ということです。それが最高の手段です。嫌なことから逃げないと、人は簡単に死にます。日本のあちこちで、嫌なことから逃げなかったばっかりに、痛ましい事件がたくさん起きています。過労

死する人、心を病んで自死を選んだ人。これらは「逃げられなかった」ことから起こる悲劇です。「嫌なことから逃げられた人」は簡単には死にません。「物事は、そのハードルを越えられずにいなくなってしまった人からは語られず、生き残った人からのみ語られる」という意味の「生存バイアス」という言葉がありますが、「現にあなたは、いま生きている」わけですから、あなたも生存バイアスは突破しているわけです。喜びましょう。命があれば、どうにでもなります。

私も「嫌なことから逃げた人」のひとりです。「嫌なことから逃げた人」なりになんとかやっていっています。そして、**あなたがもし嫌なことから逃げても、なんとかやっていく手段の種をあちこちで見つけてきました。**それをここでご紹介することにします。

この章の
ショボくないまとめ

- 嫌な仕事をするのはやめよう
- 「とりあえずサラリーマン」という時代は終わりつつある
- サラリーマンができなくても、落ちこぼれではない
- お金がなくても、なんとか生きていける

第2章

「しょぼい起業」をはじめてみよう

「事業計画」も「銀行での資金調達」も いりません

さぁ、あなたは起業をすることに決めました。まず何をしようと考えますか？　夢をかなえるために綿密な事業計画を作って、銀行で頭を下げて資金を調達しますか？　できれば交通の便のいいところにオフィスを借りて、内装工事をして、什器《じゅうき》をそろえて、電話を引いて。仕入れ先や取引先に交渉もしなきゃ。あとバイトも雇って。

はい、これら**全部いりません**。ひとつもいりません。

これらは「しょぼくない起業」です。そちらがやりたい方は、そういう方向けの起業本が世の中に山ほどありますので、てきとうに探して読んでください。「しょぼい起業」は、お金をとにかくかけません。借金も原則しません。そのかわり、なかなかつぶれません。どうやって経営していくのか？　その話をこれからしていきます。

日常生活で必要なものを作り、余ったぶんを売る

仮に、農業を一からやるとしましょう。ふつうの（しょぼくない）起業ならば、たとえば需要がありそうで、初期投資と手間はかかるけど高品質なものを、ブランディングして高単価で売って大儲け、的なことを考えるのではないでしょうか。メロンとかイチゴとか、そういった類のものです。

「てきとう自営業」である「しょぼい起業」は、**この考え方とほぼ真逆**です。高く売れそうなものを売る、という考え方は一切しません。

では、どうするのか。たとえばあなたが、埼玉あたりの野菜のとれる実家住まいで、東京の学校まで通っているとしましょう。授業のある日は電車に乗って都内まで

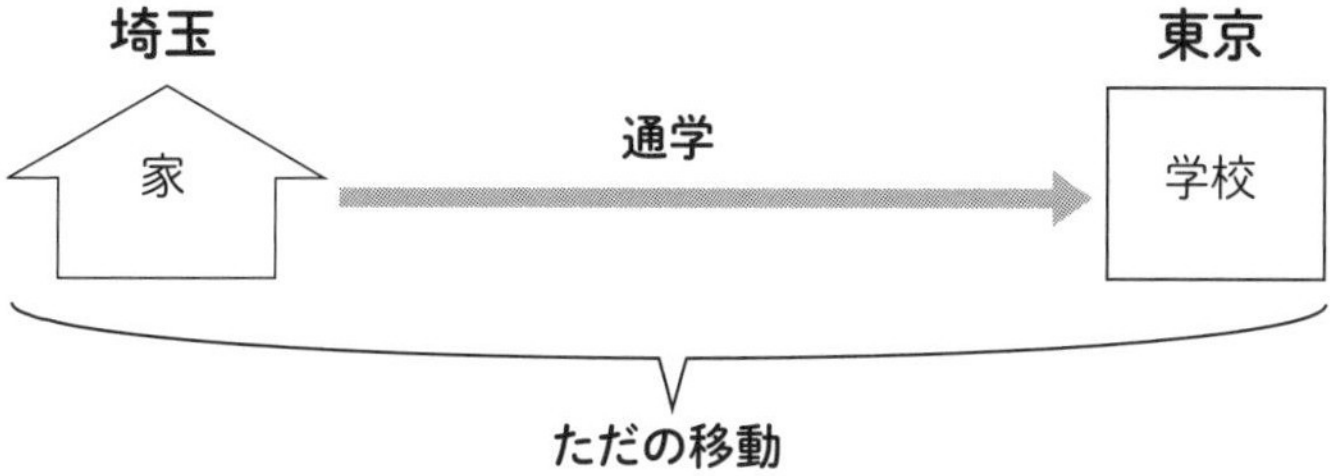

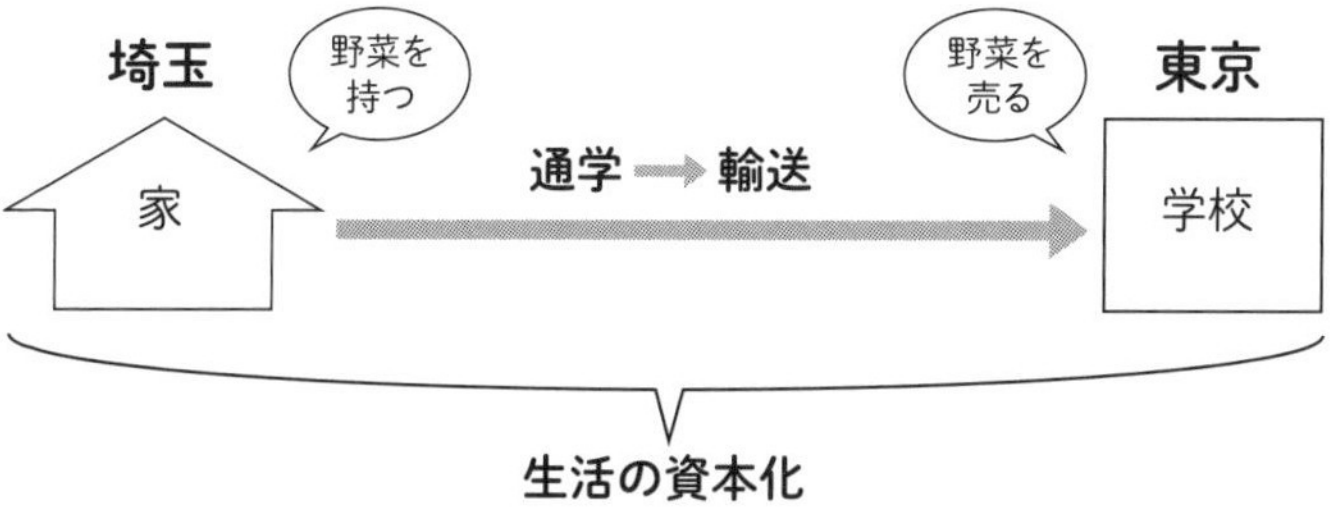

やって来るのですが、この電車代に関しては、あなたはすでに通学定期を持っている。

このとき、あなたがひとりで埼玉から東京にやって来ればただの移動ですが、空《から》のリュックに家の野菜をいっぱいに詰めて電車に乗り、東京でこの野菜を売ったとしたらどうでしょう。その瞬間、この行為は**単なる移動から「輸送」に変わります**。埼玉から東京までの輸送コストがまるまる浮くことになるのです。あとは、東京の学校の近くで野菜を買ってくれる販路さえ探せば、**毎日の通学がお金に換わる**わけです。

あなたがやることは、いつもと同じ駅から、いつもと同じように電車に乗って、ちょっと重たい荷物を背負い、買ってくれるお店に運ぶだけです。

この「いつもやっている行為をお金に換える」という発想は「しょぼい起業」の基本的な考え方のひとつです。これを**「生活の資本化」**（コストの資本化）と呼びます。よく覚えておいてください。

最初から一攫千金を狙ってはいけない

もうひとつ農業で考えてみましょう。みなさん、ふだん野菜を食べていると思います。どんな野菜を食べていますか？　キャベツ、ジャガイモ、タマネギ、ニンジン、そんな感じでしょうか。

「しょぼい起業」で農業をやるのであれば、まず考えるべきなのはまさにこれらの、自分がふだん食べている野菜の生産です。自分がふだんお金を払って買っているもの

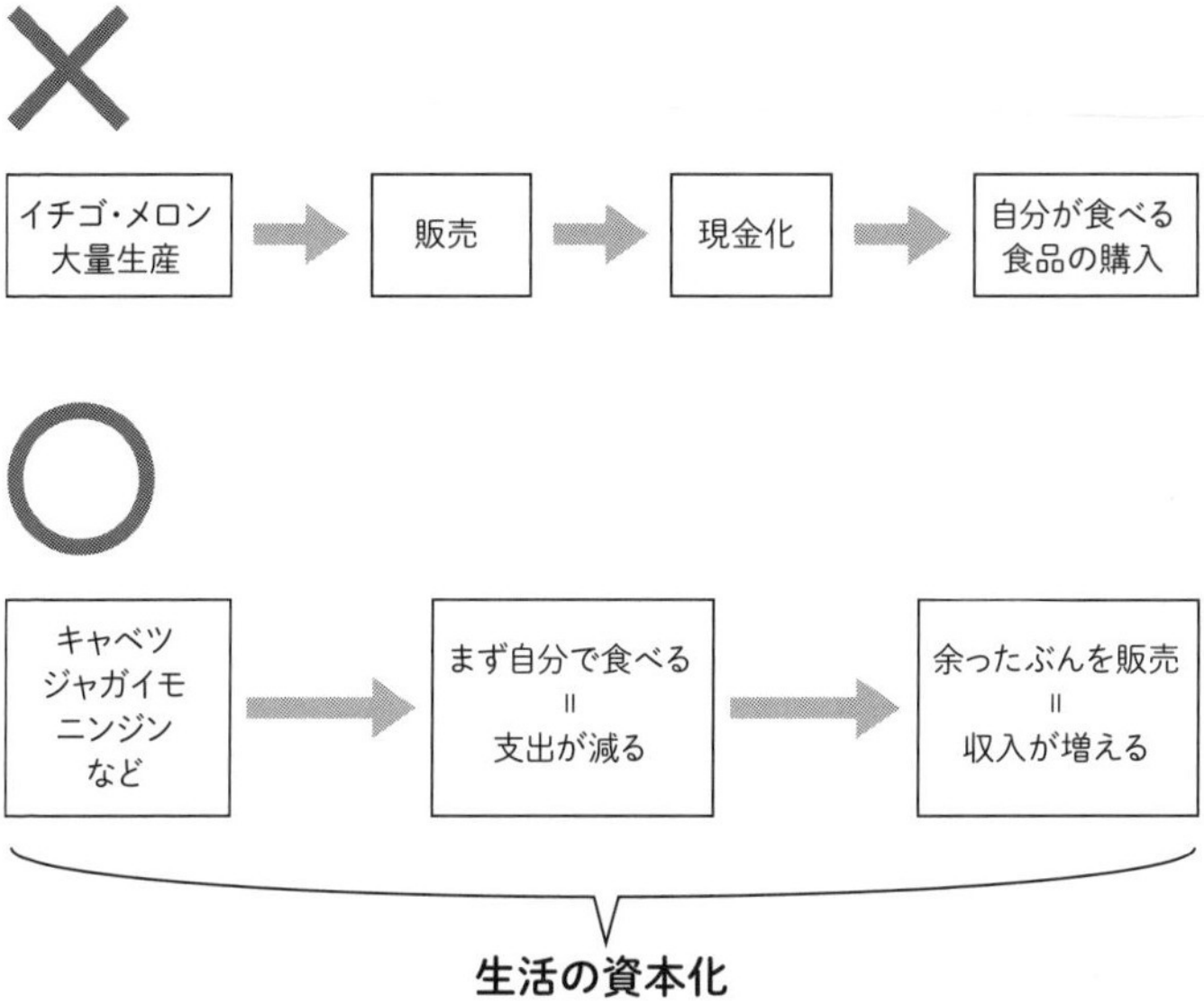

を自分の労働で作れば、そのぶんの支出が減り、**事実上収入が増加**することになりますよね。これも「生活の資本化」のひとつの例です。結果的に、いっぱいできて大儲けになるかもしれません。ですが、あくまでそれは結果の話です。**最初から大量生産して一攫千金《いっかくせんきん》を狙ってはいけない**のです。それはしかるべき知識と技術と土地と、失敗してもリカバリーできる生活手段を持った人がやることです。そうでない人が迂《う》闊《かつ》に手を出すと、大量のメロンを抱えて途方にくれるか、手塩にかけたイチゴが病気で全滅して借金だけが残る、みたいな事態になります。

生きてるだけで、絶対にかかるコストが利益になる

私が実店舗を回していたころは、近所で4店舗を経営していました（現在はアドバイザーだとかグループ会長だとかそんな感じの立場です）。業態は、リサイクルショップ、バー（飲食店）、学習塾、語学教室です。後半の2つはちょっと置いておくとして、リサイクルショップと飲食店というのは**非常に相性がいい組み合わせ**です。

どういうことか。みなさん、家電や家具を使ってますよね。そのために買いますよね、量販店とかでお金を払って。

ところが、私はリサイクルショップを経営してるわけです。**冷蔵庫、洗濯機、テレビ、掃除機、なんでも山のように入ってくる**んですよ。引っ越しなんかいくらでも無料でできます。自分の希望に合った家電を選び放題です。

飲食店で使っている家電や什器もそうです。基本的にリサイクルショップに回ってきたものをそのまま使っています。これで内装費のかなりの部分を抑えられており、それは事実上儲けたのと同じことなのです。

いちばんいい家電は自分がもらっちゃいます。しかし、家電は家に1台しかいりませんから、余ったぶんは売ります。それが売れたら、**いちばんいい家電がタダで手に入って、残りが売れる、**ということになります。もちろん、しばらく経ってもっといいものが入ってきたら、それを自分のものにして、いままで使っていたものを店で売ればいいわけです。減価償却があるので永久機関とまではいきませんが、ほぼ無限に、格安の値段で、そこそこ新しい家電を持ち続けることができます。これも「生活の資本化」（コストの資本化）です。

飲食店も同じ理屈です。みなさん、毎日ごはん食べますよね。自分のごはんを作るのにもお金がかかりますから、いっそのこと、ちょっと多めに作ってみたらいいのです。

たくさん作ったので、売りまーす。

ひとりぶん作るところを、10人ぶん作ったとしても、10倍の材料費はかからないし（肉を100g買うより1kgまとめて買ったほうが単価は下がります）、10倍の労働力も必要ありませんよね。

で、余った9人ぶんは売ってしまいましょう。そうすると、自分ひとりぶんの食事が実質無料、いや、むしろお金が増えた！　ということになります。**食費という、生きているだけで絶対にかかるコストを利益に換えてしまう**という最強のシステムです。幸せですね。これが「しょぼい起業」のマインドです。

自分の生活をすべて自分の労働で満た

して、余ったぶんは売って資本化するというのは、早い話が自給自足生活ですから、弥生時代あたりからおこなわれている行為なのですが、意外と現代で実行している人は多くありません。そして、これは現在でも十分通用する方法論なのです。

「しょぼい起業」は不況に強く、つぶれにくい

この方法をとると、原理的に、**家賃で破産する以外、事業がつぶれることがありません。**なぜなら、自分が必要な食べ物は全部自分で作って食べているわけで、ごはんが売れなかったら次の日に食べればいいからです。服はネットで安いのが買えますし、場合によってはもらってくることもできます。

どんな不況が来てもこれは強いです。現物商売ですから、金融恐慌なんかいつでもどうぞということになります。

複数の事業を抱えることは、危機回避にもなります。事業のひとつが家賃破産してしまっても、そこはいままでどおり外注に戻して、儲かっている事業に注力すればいいからです。たとえば、リサイクルショップと飲食店なら、飲食店の利益が出ていればリサイクルショップは売却してしまっても構わないわけです。冷蔵庫や食器をつねに新しいものに入れ替えることはできなくなりますが、そうそう冷蔵庫を入れ替える必要もないでしょう。人によって向き不向きは違いますから、全員が全員、生活のすべてを資本化することはできませんが、**生活の中で自分のやれること・日常やっていることを事業化する**、というのは鉄則です。

儲けた金で生活しようと考えない

よく「農家は食えない」などとまことしやかに語られます。その根拠は？　と聞くと「月収が少ないから」だったりします。これは計算の仕方がまったく間違っている

ことによる誤りで、野菜を売って、その儲けでメシを食おうとすれば、売れなかったら食えなくなるのは当然です。

農家でも飲食店でも、**自分で食べるぶんを自分で作ればいい**のです。そうすれば月収いくらだろうが「食える」ことは間違いないわけです。

サラリーマン的な生き方があまりに一般的になったために、多くの人がまず「年収いくらか」という考え方をするようになりました。それ自体は別に良いことでも悪いことでもありませんが、「月収いくら」「年収いくら」と**何もかも現金に換算して考える必要はない**、という視点は、どのような事業をやるにせよ、持っておいて損はないと思います。

持っている資産を使って稼ぐ

こんな考え方もあります。仮にあなたがハイエースを持っているとしましょう。も

ちろん何か作業があるときには使うけれども、ふだんはガレージに置いてある。

このガレージに置いてあるハイエースを、使ってない時間、引っ越しか何かで使いたい人に、有料で貸し出せばどうでしょう。何もしなければ**ガレージで停まっているだけの車がお金を生み出す**ことになります。

細かいことを言うと、「自家用自動車は、国土交通大臣の許可を受けなければ、業として有償で貸し渡してはならない」と法律で定められています（道路運送法第八十条二項）。ただ、たとえばDeNAがやっている「Anyca」というサービスがあるのですが、このサービスにおいては車を借りる人（使用者）が車の所有者と「共同使用契約」を結び、Anyca自体はあくまで「個人間カーレンタル仲介サービス」と名乗ることで、道路運送法上の制限を回避しているようです（ここらへん、興味のある方は自分で調べてみてください）。

この「すでに持っているものを使ってお金を稼ぐ」というのは、「生活の資本化」

の発展形で、**「資産の資本化」**という考え方になります。「しょぼい起業」のもうひとつの柱となる考え方です。

「しょぼい起業」の基本的な発想、わかっていただけたでしょうか。次は、どこまで生活や資産を資本化できるかという話になります。

この章の
ショボくないまとめ

- 「事業計画」も「銀行での資金調達」もいらない
- いつもやっている作業をお金に換える「生活の資本化」
- すでに持っているものを使ってお金を稼ぐ「資産の資本化」
- 「しょぼい起業」は不況に強く、つぶれにくい
- 儲けた金で生活しようと考えない

第3章

「しょぼい店舗」を開いてみよう

「店を開くには大金がかかる」は大ウソ

おせっかいな人はいるもので、どんなことにも「それをやるには大金がかかるから覚悟しろおじさん」が登場します。店をやるということについてもそうですが、結婚、子育てなどについてもそうです。

「覚悟しろおじさん」に言わせると、子育てには総額2000万かかるんだそうです。私は小学校から高校まで公立に通いまして、私立大学の学費は自分で払いました。塾や予備校にも行ったことがありませんし、習い事もスイミング・空手くらいなものです。私の親は金をかけない親だったし、私は金のかからない子どもでした。それで、別に何かが不足していると思ったことはありません。

お金はかけようと思えばいくらでもかかるし、かけないと思えばそんなにかからないものです。

私も最近親になりましたが、こんな感じでてきとうに子育てしたいと思います。

店についてもまったく同じです。私が生息している豊島区のはずれ、池袋からめちゃめちゃがんばれば歩けるくらいのところですが、家賃8万円の店舗物件がたくさんあります。

ウソだと思ったら「池袋 店舗 賃貸」で検索してみてください。地場の不動産屋さんを回ってみてもいいですよ。敷金は3カ月ぶんくらいとられますが、基本的には10万円かからずに借りられます。だいたい初期費用50万円くらいでしょうか。

あなたがいま住んでいる、その小さなアパートと同じくらいのものです。**引っ越しのつもりで開業**してしまいましょう。

家じゃなくて、「店」に住む

私の場合、最初は1円も売り上げる気はなくて、**家じゃなくて店を借りたらおもしろいんじゃないの、**というノリで借りた店舗なのですが、これがなかなかどうして、謎の売り上げがあるのです。実家から持ってきた服が、100円くらいでバンバン売れます。

自宅に服を置いておいても売れないのに、店を自宅にしたら服が売れた。家賃の足しになる！　と喜んでたら、訳のわからないものがいっぱい売れて、初月には40万円くらいの売り上げがありました。意味不明で笑えます。

「同じ家賃なら家より店借りたほうがいいだろ」と思ってたら、「おっ、結構売れる！　家賃浮く！」となって、「むしろそれだけで生活できるくらい儲かった！」になったわけです。まったく謎ですが、**「せっかく店に住んだので、開けておいたら何

か売れて儲かった」ところからすべてが始まりました。

ところで最近、オープンスペースとか、誰でも歓迎のオルタナティブスペース的な空間があります。あれってすごく入りにくいと思いませんか。教会とかもそうですが、「どなたでもお気軽にお入りください」なんて書いてありますけどね。入れねえわ！　っていうね。

店は違います。**「ものを売っている」という目的が明確なので、人が入ってきやすいのです。**よっぽど誰も興味のないものを売っているとかでないかぎり、誰かしら来ます。開いてなければ「なんで開いてないの？」くらいのテンションで来ます。もちろんほとんどの人はお金を落とさないですが、それでいいんです。なぜなら、**基本、家だから**です。家でお金もらえないのは当たり前です。

そして、「しょぼい起業」は、軌道に乗るまではふつうに家に住むより少し大変です。なぜなら、**誰も手伝ってくれない**からです。スタッフがいないので、いくら登記上は社長だろうが、仕入れるのも自分、陳列するのも自分、お客さんの相手をするのも自分、トイレ掃除をするのも自分です。**「資金もいらねえ！ 誰にも頼らねえ！ 基本全部自分でやったる！」**ということを覚悟して始めないと、そもそも店が開店しません。

とりあえず毎日店を開けておけば、お金になる

いったん開店したら、意地でも毎日開け続けなければいけません。しかも、**毎日同じ時間に開け、同じ時間に閉める**のが基本です。どうせお客さんが来ないから閉めちゃえ、みたいなのは、みすみすチャンスを逃すことになります。なぜかというと、**店こそがオープンスペースでなければならない**からです。一定の時間内ならいつでも、なんの連絡もなしに行っていい場所として存在していないと、「あの店、いつ開いてんだかわかんねえな」ということになり、ますます人が来なくなってしまいます。

店に住んでしまえば、家の家賃はかからない。

売れようが売れなかろうが、とりあえず店を開けておくと、ときどき「ひとりでタンス運べないから手伝ってほしい」とか「草むしってくれ」とか「洗濯機処分してくれ」とか「冷蔵庫ただでくれ」みたいな**よくわからない依頼が入って、お金をもらえたりもらえなかったり**するわけですね。

別にがんばってないのに、「がんばってるね！」みたいに声をかけてもらうとか、食糧をもらうなどのイベントが起こったりもします。**これらのイベントはあとあと役に立ちます**ので、大切にしてください。のちほど説明します。

店に**「誰かが来る」ということは非常に大事**です。めちゃくちゃ人通りの多い駅前に店を構えろという意味ではありません（そういうところは家賃が高い上に、周りに店舗数が多く、回転も速いので、「しょぼい謎店舗」には向きません）。逆に、当たり前ですが、無人の荒野に店を出しても人は来ません。周りに人が住んでいて、人通りがそこそこあれば、ふつうの住宅街でいいのです。周辺に住んでいる人が、**「あれ？　こんなところに店がある」と思うくらいの立地がベスト**です。そして、そんなところの家賃はだいたい安いのです。

そういう立地の店を見つけたら、新しい家に引っ越すつもりで住んでしまいましょう。家の家賃と店の家賃を別に払うなんてバカバカしい。店舗には住んではいけない的な契約になっているところも多いですが、基本的に大家さんは家賃さえちゃんと納めて、揉め事を起こさなかったら文句を言ってくることはありません。大家さんがいちばん嫌なのは出て行かれて店が空になることだからです。なに、別に契約違反でもありません。**仕事が長引いたから残業して、眠いからちょっと店で寝てるだけ**です。

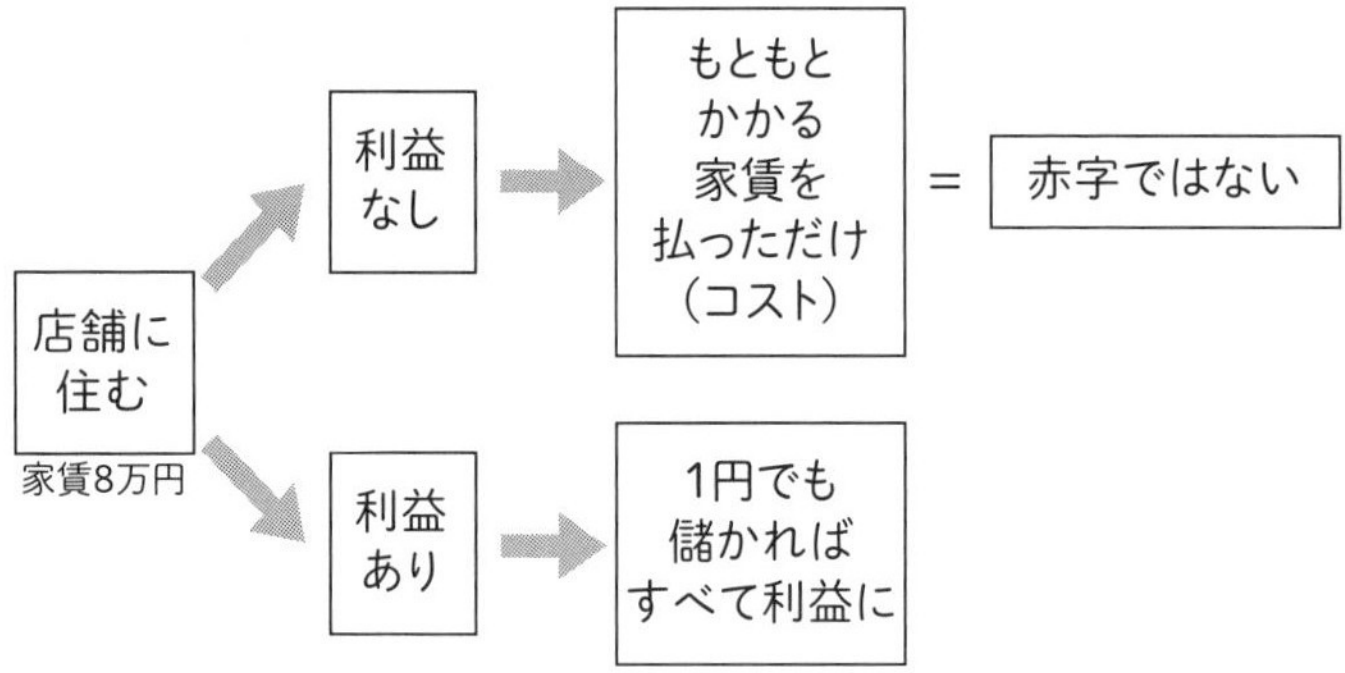

内装も什器もいりません。イスなんていちばんいらない。近所の人が「いいイス買ったから、前のがいらなくなった」と言ったやつをもらって来ましょう。**10万円のイスを買ったら、もらってきたイスより何倍も売り上げが伸びた、なんてことは起こりません。**ボールペンなんかそのへんからいくらでも拾って来られます。

「もしかして必要になるかも」と思ったものは買わない。「絶対に必要」と思ったものは、とりあえずないまま1週間、ツテをたどって、周りに不要な人がいないか探してみましょう。それでもどうしても必要だと思ったら、ようやく買う。これくらいがちょうどいいです。

住むために借りた謎店は、余計なコストさえかけなければ、謎の客によって謎の売り上げがあがり、謎に維持されていくのです。

事業計画は作っても守るな

ありがちな例として、家賃が10万円、仕入れ値がこれくらい、光熱費通信費が2万円だから、売り上げはこれくらい必要で、だからこの商品はいくらにしよう、みたいな、願望的理由からサービスの値段をつけてしまうパターンがあります。
これはだいたいダメですね。よほど商才があるか、経営に慣れているか、本人自体に商品価値がある人でないと損益が合いません。まず売れる価格で商品をそろえて、そこから逆算して地代、光熱費、人件費を考えたほうがよいでしょう。

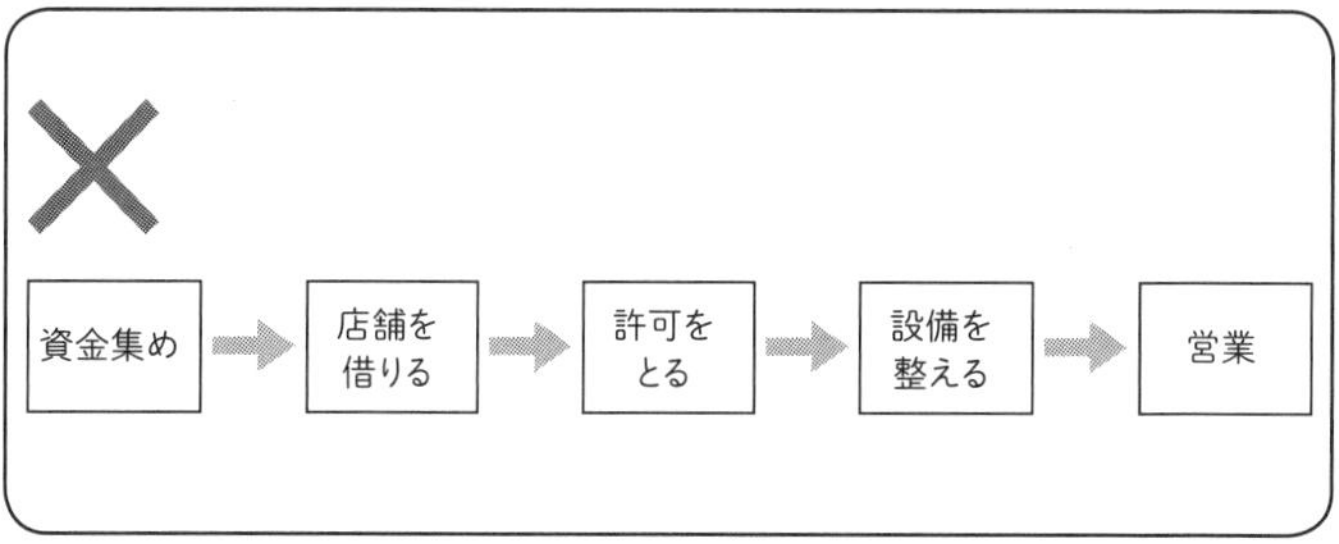

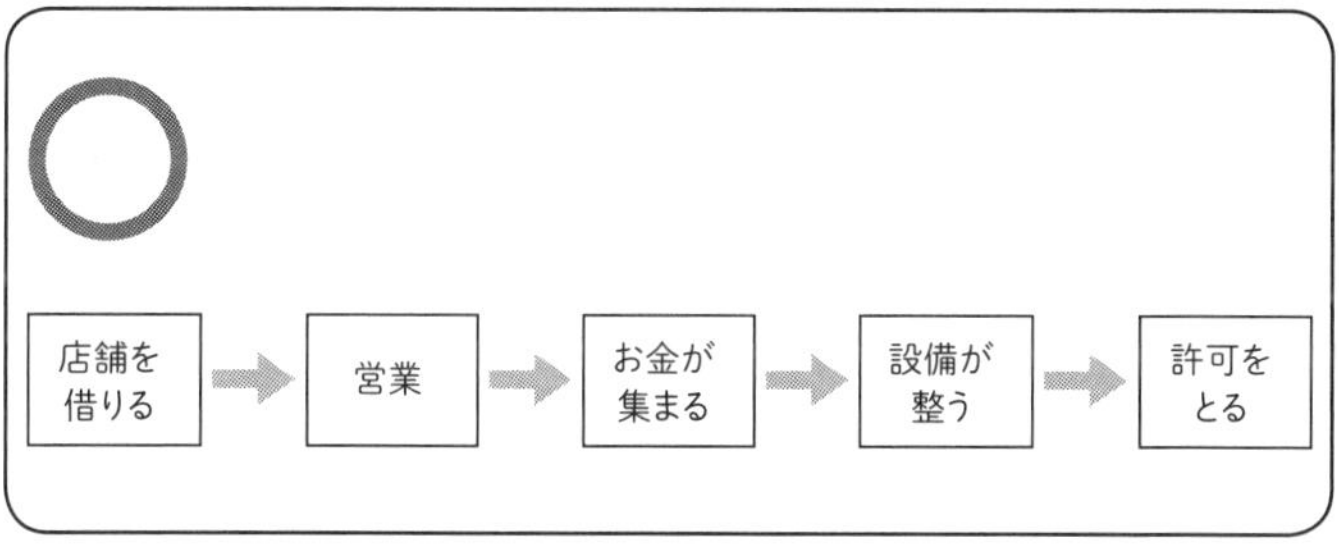

「しょぼい起業」においては、綿密な事業計画なんて必要ありません。どうせ**事業計画どおりにはいかない**からです。私の会社は、当初「アラブに受ける漫画を作ってオイルマネーをゲットして大金持ち」というめちゃくちゃアタマ悪そうな事業計画で創業しました。いまはリサイクルショップやバー、塾や語学教室の経営でなんとかやっているのですが、来年になったら何をやっているかまったくわかりません。

つまりこういうことになります。「資金を集めて店を借りて許可をとって設備を整えてから営業する」のではなく、**「店を借りて営業してるとお金が集まってくるので設備が整えられて、必要な許可をとらざるを得なくなる」**のです。これが「しょぼい起業」における、失敗しないための順序です。

私の会社の主力事業のひとつであるバーの経営のスタートがまさにそうでした。そもそも、仲間うちでカラオケをやることが多かったのですが、カラオケボックスに、しかも夜行くと結構なお金をとられます。なので、ちょうどリサイクルショップの経営がうまくいき、現金もあったので、カラオケができる集会所みたいなものを近所に借りようぜ！　的なノリ（生活の資本化）で、近所にあった元バーの物件を居抜きで借りました。**「物件借りてカラオケしよう、どうせ借りるなら店として開ければ少しは売り上げが立つだろう」**という、リサイクルショップとほぼ同じ動機で作った店です。

店を開けたら、数日で保健所が飛んできたので、「いま申請中ですよ」と答えて、そのあとで食品衛生責任者を置き、営業許可をとりました。別に、**食品衛生責任者がいなくても、営業許可がなくてもバーは開店できます。**市販品をそのまま（たとえば、

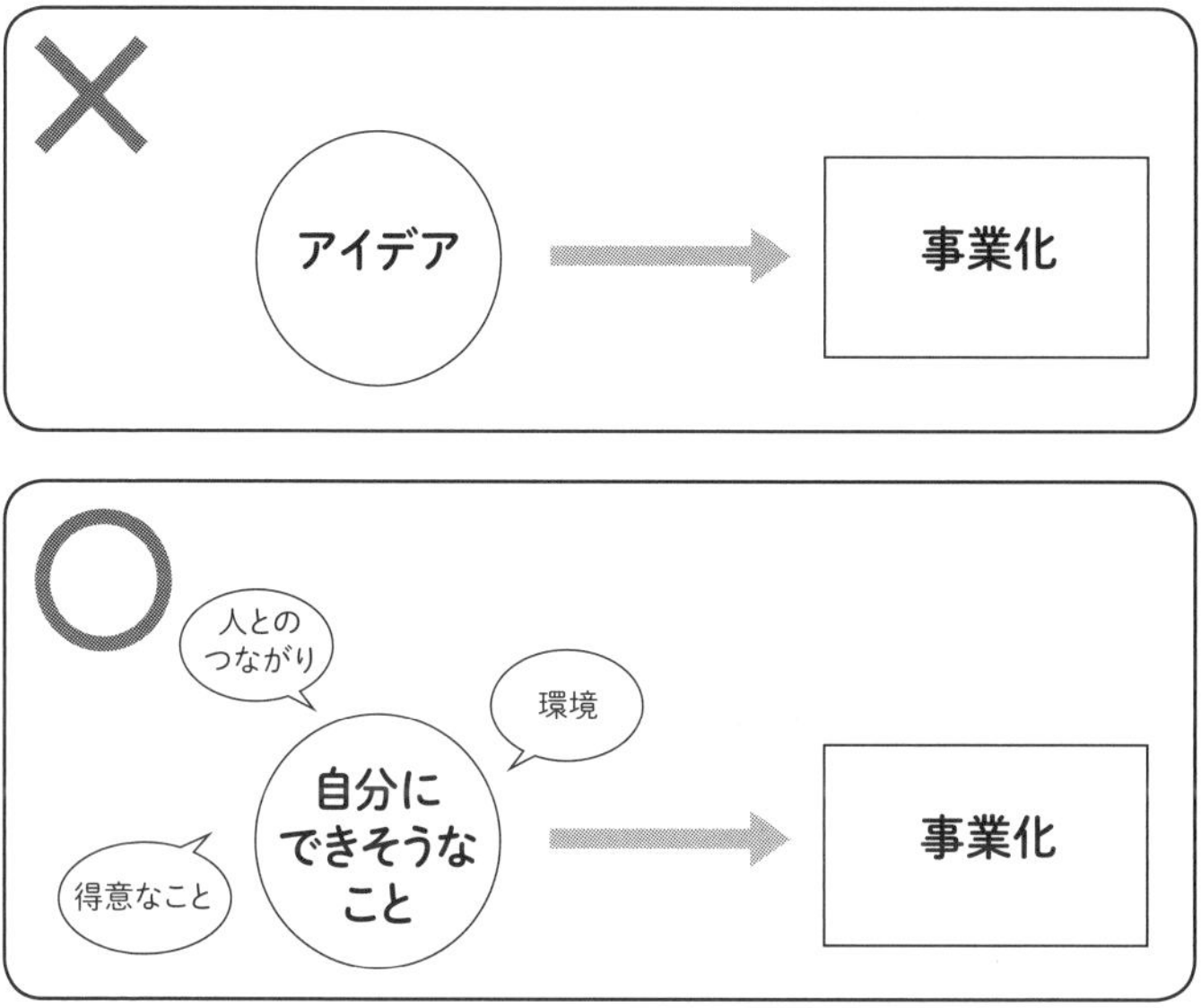

缶ジュースを缶のまま売るとか、カップ麺とポットを置いておいてお客に自分で作ってもらうとか）出す場合は食品衛生責任者はいらないのです。

それがいまや主力事業で全国展開みたいな状態になっているわけですから、世の中はわからないものです。

事業は、アイデアから入るというより、**人とのつながりや置かれている環境などの条件から、自分ができそうなことを発見して事業化していく**ものなのだと思います。「これをやるのが夢！」「これが儲かる！」をコケの一念で守り続けるのは相応の技術や資金がないと無謀ですし、赤字でもやり続ける覚悟が必要になります（事実、私のバーは当初赤字でした）。

準備資金がゼロでも大丈夫

この本は「しょぼい起業」をオススメする本で、まあ準備資金が50万円くらいあれば、という感じで話を進めてきたのですが、この50万円がないよ、という人もいるでしょう。ふつうの起業だとここで銀行から借りましょう、という話になるのですが、そうならないのが「しょぼい起業」です。

極端な話、現時点の所持金はゼロで構いません。私は大学時代、朝起きることができないために、学校にも満足に通えていませんでしたが、うまく「そこに〝存在〟しているだけでお金がもらえるアルバイト」を見つけ出し、そのアルバイト場所に〝存在〟して時給をもらいながら、リモートワークのアルバイトで同時に二重にお金を稼ぎ、自分の学費と開業資金を貯めました。

そんなバイトがどこにある、という人がいるかもしれませんが、これが意外とあるんですね。世の中には、「めったに客が来ないが来たときのために誰かがいなければいけない」というアルバイトが結構あるのです。たとえば単価の高い、めったに売れないものを売っている店などがそうです。

私の知人は、繁華街のビジネスホテルのフロントのアルバイトをやっていました。夕方にお客さんが順次チェックインをするので、その応対をします。そんなに大きなホテルではないので、お客さんが行列になるようなことはありません。万一深夜まで部屋が売れ残れば、「空いてる？」と訪ねてきたお客さんに部屋を売ります。あとは朝、チェックアウトの手続きをするまで、たまにかかってくる予約の電話応対をするくらいで、他にすることはとくにありません。

何かあったときに誰もいないと困るので、そこに〝存在〟する必要はあるのですが、拘束時間こそ長いものの業務はそれだけで、おまけに賄《まかな》いまでついてきます。その知人は空き時間をネットを見て過ごしていたそうですが、他のバイトの人は司法試験のための勉強をしている人などが多かったといいます。そういう人にはまさにうってつけのアルバイトです。もちろん、その時間で別のアルバイトをして、同時にダブルワークをしてもよいわけです。

アルバイトにも人によって向き不向きがありますので、この方法でなければいけないというわけではありません。体力に自信がある人は土木作業をやったほうがよっぽど儲かったりします。とにかく何もしたくない、という人には入院型の治験のアルバイトなどもオススメですね。もちろん、すでに他の薬を服用していたり、極端な体型の人などはできないこともありますが、基本的に病院に入院して、1日に何度か採血をされるだけで、あとは大いに暇ですし（ここでダブルワークが可）、食事は3食出ます。万が一の副作用は心配ですが、病院の中にいるわけですから何かあればすぐ対応はしてくれますし、個人的には交通誘導の警備員さんなどに比べたらよほど楽ではないかと思います（これも人によるのは当然ですが）。

数カ月めいっぱい働いて、生活をつつましく抑えれば、数十万円くらいは貯まると思います。長期休みの学生に人気のリゾートバイトなんかもありますね。これも生活の固定費がかからない場合、貯金するには有効です。

ゼロから「投資してもらえる人」になる方法

それでもアルバイトは無理だ、という人。そんな人にはこの手があります。**準備資金がないなら、誰かに投資してもらえばいい**のです。私の周りには、起業したい若者に投資したいお金持ちがたくさんいます。あとで出てくる私がプロデュースした喫茶店もそうやって誕生しました。

では、どういう人が投資を受けられるのでしょうか。事業計画と投資家へのリターンを綿密に考えた人。違いますね。もちろん事業計画とリターンを綿密に考える、という方法はひとつの手段ではありますが、それはマストではありません。逆の見方をすると、「お金を出してもらう」というのを目的とした場合に、そのために必要なものは何か、ということです。

これは、**「あなたが何にお金を使うか」を考えると見えてきます**。あなたは何に投資しますか。家賃、食費、交通費、光熱費。そのあたりの固定費は別として、その他の、自分の裁量で使えるお金です。アイドルを追いかける。馬券を買う。サッカーの試合を見に日本中遠征する。ソーシャルゲームのガチャに使う。株を買って儲けようとする。どれも立派な投資です。

この中で、金銭的なリターンがあるものはなんでしょうか。競馬と株くらいですかね。株はそれで食べている人もいますが、競馬はかなりテラ銭をとられるので、なかなかそれで食べていく、つまり収支をプラスにし続けるのは難しい。

他のものはすべて基本的に「出ていくお金」ですね。アイドルを追いかけて、チェキを撮ったり、グッズやＤＶＤを買ったり。サッカーを見に今月は静岡へ、来月は大阪へ。限定イベントですごく強くてほしいカードが手に入るので、とにかくガチャを回す。どれもお金がかかります。それであなたが**何を得たかというと、「楽しみ」を得ているわけ**です。

自分の応援しているアイドルがどんどん売れていって、そんな中でも昔から応援している自分のことを覚えてくれていたり、チームが悲願のＪ１昇格を果たしたり、ＳＳＲのカードが出て大喜びしたりするわけです。

投資家もこれと同じです。もちろん、投資家は利益を出すのが仕事ですから、まったく無駄になるとわかっているものにお金は出しません。リターンは当然考えます。ただ、何よりも好ましい人や、楽しい人や、おもしろいことにお金を使う、という前提条件があるのは当然です。最近のネットでは便利な言葉がありますね。「推し」です。多少ドジで見立ての甘いところがあっても、**「推せる」人には出資するのが投資家**です。

そんなわけないと思いますか。そんなわけあるのです。現時点で若い人に出資したがっているお金持ちというのは、すでに本業で十分お金を稼いでいるわけです。つまり、「本当に嫌でもやらなければならないような儲け話は本業でやっている」ということです。その余剰金を使って若い起業家を育てたい、と考えたときに、「できれば楽しい人やおもしろいことに」となるのは当然です。

さらにもうひとつ、絶対に譲れない条件があります。それは、「お金を持ち逃げしないこと」です。これをやられたらたまりません。ある程度の失敗は笑って許す度量も投資家には必要ですが、持ち逃げは犯罪です。

要するにこういうことです。**「お金を持ち逃げしない、好ましい人で、おもしろいことをやっている人」**に人は投資をします。「おもしろいことを考える」ではないのがポイントです。世の中、思いつくまでは誰でもできます。

「始めてしまったけどこの部分でどうしてもお金がないんです！」なら出資する気になりますが、「こんなおもしろいことをやりたいんです！」だけだと、出資を受けられる確率は低くなります。なぜなら、「やりたい」から「やり始める」までがいちばん労力を必要とすることを、投資家は自分の事業で嫌というほど知っているからです。

それに、「やり始めたところ、お金が足らずに困っている」人は、まずそこに資金を投入しようとします。まさか、自分の目の前のやりたいことを放っておいて、もらった金でガチャを回し始める人はいないでしょう（いないとは言い切れませんが、そういう人は起業家に向いていません）。上記の持ち逃げリスクも高まりますし、あなたのことをよほど気に入らないかぎり出資はしないでしょう。

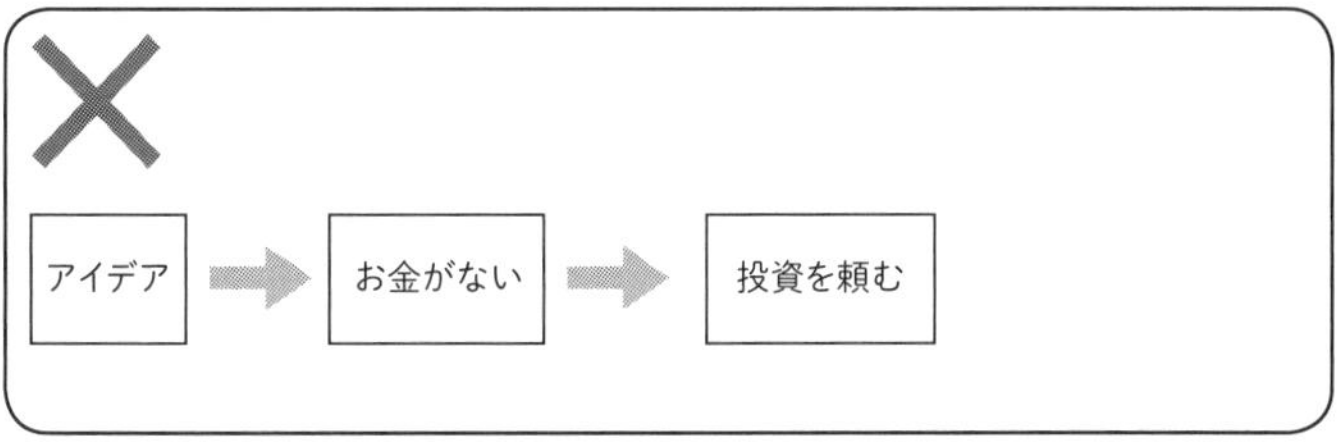

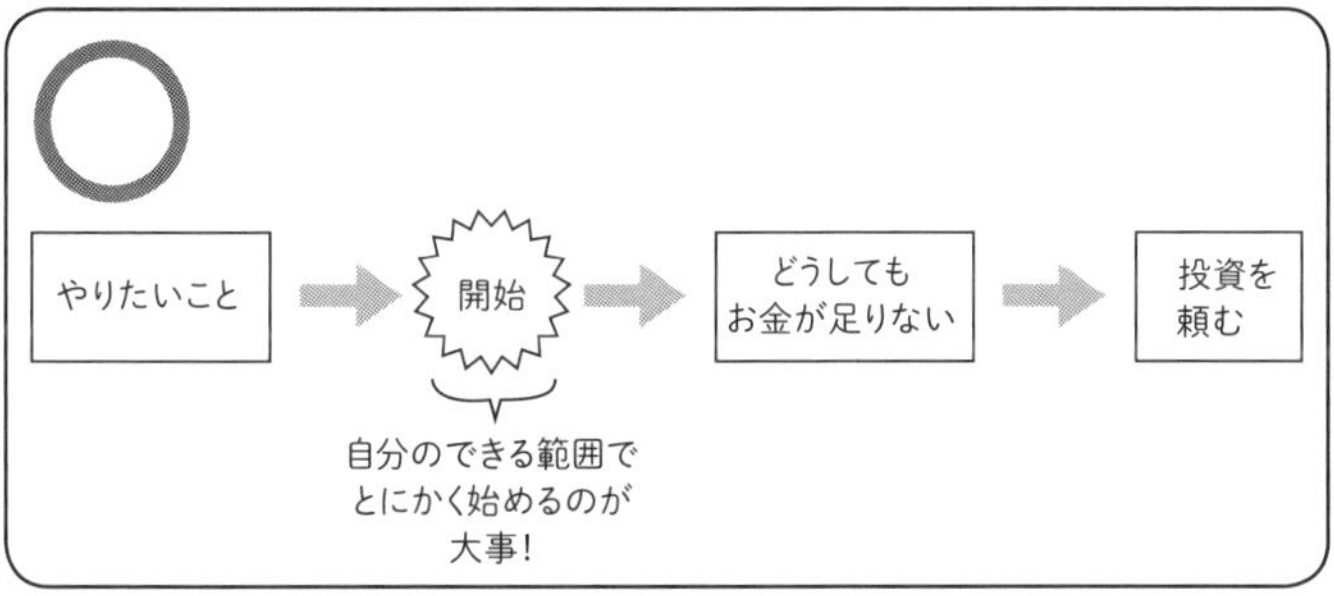

いちばんいいのは、**「なんらかの成果物を持ってくる」**ことです。完璧なものである必要はありません。クオリティが低かろうと、とりあえず途中で放り投げずに何かをやり通した、というのは信用に大きく寄与します。

出資を受けたいなら、**まず自分でできる範囲のことをやってみましょう。**そして、その成果物を投資家の前に持っていきましょう。「私ひとりの力ではこのクオリティのものしかできませんでした。しかし、あと〇〇万円あればこの成果物はこんな感じの素敵なものになる予定です」と言う人と、「〇〇をやってみたいんですけど、お金がないので踏み出せません、お金があれば踏み出せると思うので、お金ください」と言う人のどちらに出資したいかは明らかでしょう。

下手な鉄砲撃ちまくろう！

突然ですが大手化粧品・健康食品会社の「DHC」って会社がありますよね。この会社、なんで「DHC」という名前なのか知ってますか？　じつは「大学（D）翻訳（H）センター（C）」の略なのです。もともと、**洋書の翻訳を請け負っていた会社が、その事業で得た知識をもとに、化粧品・健康食品を開発して大当たりした、**という感じです。いまはリゾート事業や映像事業・ラジオ局の経営まで手を広げていますが、スタートは流れに身を任せた感じだったわけです。

私の実感としては、「しょぼい起業」をする各位が狙うべきはこの形だな、と思います。

私、えらいてんちょうが経営しているしょぼい会社も、オイルマネーで大儲け計画→出版社下請け→不動産投資→リサイクルショップ・バー・塾・語学教室経営とめちゃくちゃな変遷をしておりますが、すべて**流れに身を任せた必然的結果**でした。リサイクルショップがそれなりに当たって、さらにバーが当たったことでようやく多少安定しましたが、これもまったく想定外だったのは先ほど書いたとおりです。

とくに「これで起業しよう！」という強い意志がある方も、ない方も、こんな感じで流れに身を任せますと、ときどき金脈に当たることがありますので、無意味に事業計画ばっか立ててないで、**とにかくやっちゃいましょう。**遠大な計画よりも、初期費用が少ない**「いま、これができそう」**を積み重ねていくほうがリスクは少ないです。

起業をするときには完璧なサービスを提供したい、と思うかもしれません。しかし、これは大きな間違いです。完璧なサービスを提供するにはそのための技術がいります。完璧なサービスを完璧なコストパフォーマンスで提供しようとすると、マクドナルドやスターバックスと同じ土俵で戦わなければならないことになります。いくらなんでも分が悪い戦いでしょう。では、マックやスタバとあなたの店が違うところはどこか。マックは大企業が経営していますが、あなたの店はあなたが経営しているのです。**あなた自身が商品**です。**あなたに会いたいと思う人が来ると、あなたの店はスタバやマックより価値がある**ことになります。そういう人がたくさんいると、自然と店はうまくいきます。

私はバーを経営しているわけですが、お客さんはバーに酒を飲みに来るわけではない、と思っています。バーは空間であり、人が出入りする場所で、みんな人に会いに来るのです。完璧な生ビールが飲みたければビアホールへ行けばよく、完璧なカクテルが飲みたければホテルのバーへ行けばよいのです。なぜ地方にはスナックが多いのか。そこに行けばいつものママといつものお姉さんたちがいるからです。初めて訪れた我々からすればどれも似たようなスナックでも、そこにはそれぞれ別のママがおり、別のお姉さんたちがいます。そして、それぞれのスナックにそれぞれの固定ファンがついているのです。だから、地方のスナックは全部まとめてひとつの大きな居酒屋にならないのです。

実店舗の経営者は、社会的に強い

これは私の個人的な実感として、なのですが、実際に店舗を構えているということは、それだけで、**社会的ステータスを格段にあげます。**

たとえばなんの経験もない若造起業したいマンが「起業しました！　登記もして正式に社長です！　事務所は自宅で業務内容はインターネットでウンヌンカンヌンです！」なんて言ってても**「ハッハッハ、そうかい、まあがんばってね」で終わっちゃう**んですが、これに「ひとつ実店舗持ってます！」が加わるだけで「社長ォ〜！」になります。実店舗があるというだけで信用が爆上げになる。**店舗経営者というのはコストパフォーマンスがかなり高いのです。**

1店舗でこの扱いですから、2店舗持っていると「やり手の社長」扱いになります。銀行から資金調達もできるようになりますし（私は勧めませんが）、町会や商店会のようなところに所属していても意見を聞いてくれたりします。

地元に根ざした商売をするのなら、**基本的に周りの店や地元住民を敵に回すべきではありません**。大資本でブランドも確立していて、他の店を敵に回そうともお客をガバッと持ってこられるなら別ですが、「しょぼい謎店舗」においては周りの店や住民、みんなに好かれないとそもそも人がやって来ず、謎の交流も始まりません。**ニコニコして頭を下げるのにはコストがかかりません**ので、「しょぼい起業」においては積極的にそうすることを勧めます。

資源を眠らせない店が成功する

会社の事業がうまくいっているかどうかは、ほとんどこれで判断できます。たとえ

ば、私の会社は少し前まで4つの店舗があり、車を2台持っていたのですが、これがそれぞれ有効に活用されていればオッケー、されていなければダメです。

具体的には、**店舗を毎日開けられているか**（近隣の住民に「いつ行っても開いている」と思ってもらえているか）、**店舗に人が来ているか**（オープンスペースとして機能しているか）、**店舗の中で、商品が回転しているか**（いつ来ても同じものが同じように並んでいる店には人が来なくなる）、**車は稼働しているか**（車が動いていない＝資産の資本化効率が悪い）、**スタッフや自分は働いているか**（いつも暇＝生活の資本化、そしてコストの資本化効率が悪い）、そういったことを私はつねにチェックしています。

ここで大事なのは、**商品が適正な価格で売れている必要はない**ということです。**採算とか客単価とかは店が満員になったり、商品が片っ端から売れていくようになったりしてから、さらに儲けようと思ったときに考えること**で、この段階でそんなことを考えても仕方ありません。

究極、タダで人にものをあげちゃっていてもオッケー。
タダで車に人を乗せてあげちゃっていてもオッケー。

生活や資産の資本化、という話を最初からしていますが、この「資本」というのは、店の家賃と家の家賃を差し引きで黒字と考えるように、必ずしも現金とイコールではなく、**この段階で売り上げとして現金になっている必要はない**のです（次の章で詳しく説明します）。

店は開いていれば、商品は回転していれば、車は走っていれば、人は働いていれば、それぞれその価値は実現されています。安くてもいい、なんなら無料でもいいから、とにかく**すべての資本を動かし続け、眠らせない**ことが重要です。

次は、なぜ近所の人と仲良くしたほうがいいのか、なぜタダでもいいから資産を回転させたほうがいいのかの話になります。佳境に入ってきますよ。

この章のショボくないまとめ

- 家賃を二重払いするくらいなら、店に住む
- 準備資金がないなら投資してもらう
- 店はつねに開け、まずは人に入ってきてもらうことを考える
- 計画ありきでなく、人脈や環境からできることを事業化する
- ヒト・モノという資産をとにかく回転させよ

第4章

「協力者」を集めよう

従業員は雇わなくていい

さて、「しょぼい起業」のひとつの理想的な形として、「店を借りてしまってそこに住め」という話をしました。やる業態なんてなんでもよくて、ただそこに店が開いているということが重要なのです。そうすれば謎の売り上げがあり、店は成立します。**「しょぼい起業」は固定費も含めて、あらゆる出費を限界まで抑えることが大原則**ですので、よほど何店舗も抱えないかぎり、人を雇って従業員にするという選択肢はそもそもありません。

基本的には自分でだいたいのことを動かしていく形になりますが、それでも他人の力を借りたい場面は出てきます。

そんなときは、**お金を払わずに働いてもらえばいい**のです。

この本はブラック企業のススメではないので、給料を払わずに働かせるとかそういう話ではありません。**人を動かすための原動力（対価）はお金だけではない**ということです。簡単な話、ふだんから友好的な関係を築いていれば、「ああ、それくらいのことなら俺がやるよ」という協力者は現れます。

友好的な関係を築くためにどうするか、私が経営していたリサイクルショップのときの例をあげましょう。

- **人に無料でものをあげる**
- **ネット環境や寝る場所を提供する**
- **なんでもいいから何かの会合を開くときの場所として使ってもらう**
- **お菓子や食事を振る舞う**
- **むしろ私が無料で相手を手伝いに行く**

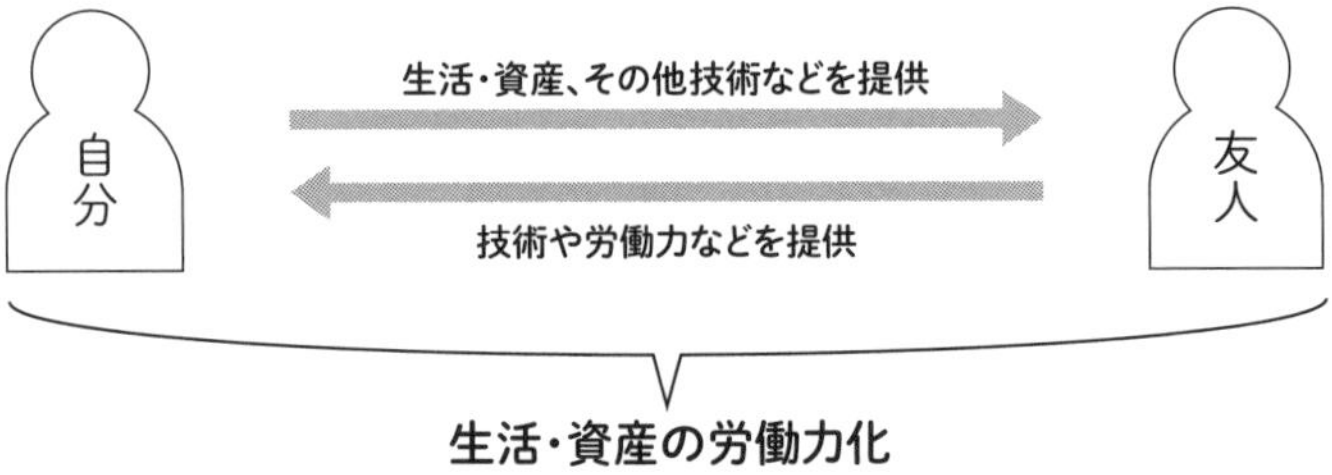

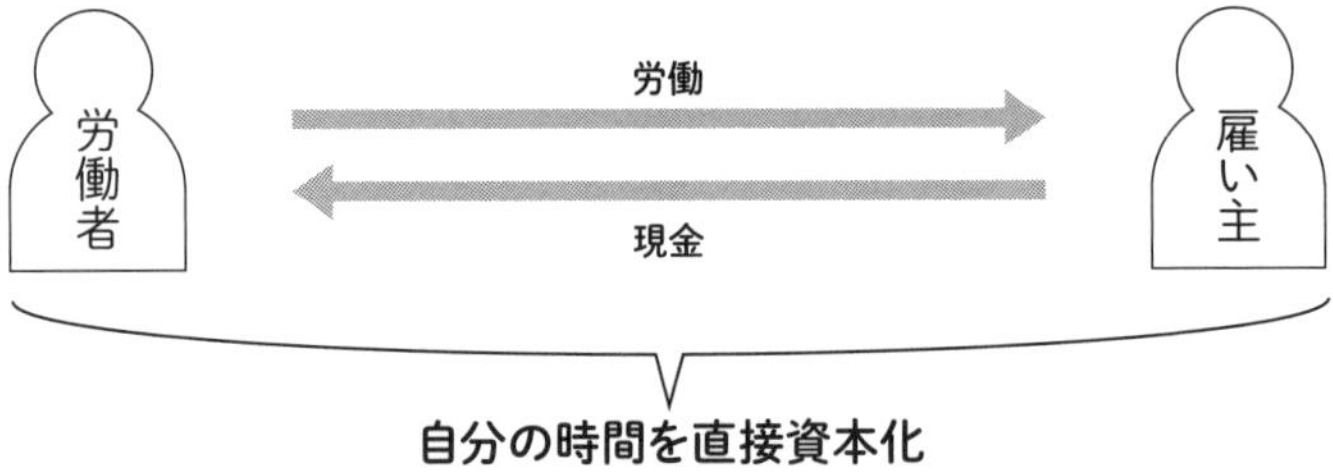

さきほど説明したように、店は「開いていること」自体が重要で、リサイクルショップの看板を掲げていたとしても、**ものの売り買い以外のことをやってはいけないという法律はありません。**いつでも開いていて、やたらと居心地がいい。こんな環境があったらだいたい暇な人がやって来ます。暇な人にお茶でも出してたら、いつの間にか暇人のたまり場になります。

こういう状況になると、不思議と店に遊びに来た暇な人が自発的に店番を始めたりします。ただお茶を飲みに来ていただけの人たちが、**なんの指示もしていないのに、完全に本人の自由意思でいろいろ店の仕事を始める**のです。すると、その間に店主がどこかへ用足しに出かけることができるようになります。私の場合、途中から私が一切店番に立たなくても店が回るようになっていました。掃除好きな人が自発的に店を掃除してくれてたり、「これ、俺の友達が欲しいって言ってた」なんて勝手に販路を拡大してくれたりするのです。これを「しょぼい起業」用語では**「生活・資産の労働力化」**と呼びます。

こちらは店を開けているだけ、あとは誰でもウェルカム（生活・資産の提供）です。そこに集まってくる人に「それ持ってっていいよ」って1000円くらいの商品をあげると、1000円以上の仕事をしてくれたりする（労働力化）わけです。

もちろん、私の手が空いて、他の人が忙しいときはそっちを手伝いに行ってもいいのです。その人は、次の機会に私が困ったときに、その人しか持ってない技術で私を手伝ってくれたりします。

現金だけが儲けではない

前の章で「生活の資本化」「資産の資本化」という話をしましたが、「しょぼい起業」は売り上げをすべて現金化してどこかに振り込んだり、手形の振り出しをしたりする必要がないので、この**「資本」は別に日本円である必要はない**ということが大事です。ふつうの人がお金を払ってやってもらう技術をタダでやってもらったらそのぶん儲かった、と考えるわけです。

いわゆるサラリーマンやアルバイトの人たちが「自分の時間を直接資本化（金銭化）」しているのに対して、「しょぼい起業」においては**「生活や資産を提供する→提供した以上の技術や労働力が返ってくる→結果として資本化（コストがかからなかった＝利益が生まれた）」**という考え方をするのです（もちろん、それがキッカケで別途売り上げがあり、現金が儲かったら、しかるべく分配すればよい）。

結果として、何もしていなくても店を開けているだけでかかる生活のコストに、集まってきた人の技術や労働力を利用できるぶん、利益が発生するわけです。

協力してくれる人が自然と集まる「正しいやりがい搾取」

世の中にはいろいろな人がいます。店番が好きで好きでたまらなくて、一銭も払ってないのに毎日店番をしてくれる人もいます。こちらが指示していないのに、「掃除が好きで好きでしょうがない人」にとっては「掃除をするということ」自体が対価になることもあるのです。

あくまで、**「自然に集まってきた暇な人が、その人のやりたいことを手伝ってくれる（そしてそのこと自体が対価になる）」**のです。

ちょっとわかりにくいかもしれませんが、あなたの周りにいませんか？　仲間うちでドライブに行くときにずっと運転してくれる人とか、結婚式の2次会の司会や余興を率先してやってくれる人とか、「大阪まで新幹線を使わずに行きたいんだけど、どのルートがオススメ？」と聞くと、目的と運賃別に3つくらい路線を提示してくれる鉄道好きの人とか。

これ、全部有料サービスとして提供されており、ビジネスとしても成立していますが、本人にとってはそれをやること自体が楽しくて、対価になっているのです。

これは、じつは東大の本田由紀教授が提唱した「やりがい搾取」の構図で、ブラック企業なんかを論ずるときによく出てくる言葉なのですが、私は「やりがい搾取」の中には**「正しいやりがい搾取」**と**「間違ったやりがい搾取」**があると思っています。**「こちら側が何も頼んでいないのに、人が自由意思で何かをしてくれる」**。これが**「正しいやりがい搾取（第1段階）」**です。要するに、やってくれる人の完全な自由意思に依っているものです。

私の店の例で言えば、掃除をしてくれる人や店番をしてくれる人がそうです。この場合、その人が協力してくれる動機は「いつもよくしてもらってるのに、何もしないのは申し訳ないから」だったりします。

一般的な例で言うと、さっきの仲間うちのドライブでずっと運転してくれる友達とか（動機は「とにかく運転することが好きだから」）、「たくさん作って余っちゃったから食べてくれない？」と食べ物をくれる隣の人とか、（いまの世の中でそれがいいことかどうかは別として）「イイ人がいるんだけど、会ってみない？」とやたらとお見合いをセッティングしてくれるおばさんなどがいます。

もうひとつ、これは類型的に若干特殊だとは思いますが、私のバーでは「自分がいまそこで買ってきた酒を店に差し入れ、店に料金を払って飲む」お客さんが何名か存在します。

酒屋さんで缶ビールを買えば２００円もしないですから、そのまま外で飲めば２００円しかかからないのに、店にわざわざビールを持ってきて、チャージ５００円とビール１杯５００円、合計１０００円也を払って飲んでいます。

ウイスキーのボトルを買ってくる人もいます。1000円くらいのウイスキーですが、店に持ってきて、水割りを何杯か飲んで、残りは店に置いて帰っていきます。意味がわからないですし、別に持ってきてくれと頼んだ覚えは1回もないのですが、こういうお客さんが私のバーには実際にいます。

「友好関係」が、お金以外の対価を生む

続いて、**「たしかに人に頼んだが、その人はそれをやることが好き（やってあげたい）なので、無料（あるいは格安）で動いてくれる」**。これが**「正しいやりがい搾取（第2段階）」**です。これは、先述の鉄道好きの人の例がそうですし、友人がやってくれる結婚式の司会や余興などの類もたいていこのシステムですよね。

鉄道好きの人は（全員ではないですが）よく「大阪へ行くなら乗車券は分割して買っ

友好関係にある人に、何かをしてあげると、何かをしてくれる。

たほうが安い」みたいなオトク知識を教えてくれます。この人にとっては、自分の鉄道知識が披露できる場があるとうれしいので、**「質問に答えられること自体が対価」**なのです。本人がそれでお金をとってビジネスにするかどうかはまた別の話として、です。

披露宴の友人余興なんかもそうです。たしかにこちらから余興やってよー、とお願いしますし、場合によってはお礼を包んだりもしますが、衣装や音楽を準備したり、練習時間を割いたりしてやってくれることに対して、時給ベースで計算したお金を払っている人はほとんどいないでしょう。それどころか、別にご祝儀をくれたりします。そのかわり「私のときは○○ちゃんやってね」みたいな感じで、**お返しを要求される**ことがあります。

どちらも**「友好関係にある」**ことがベースにあることがわかるかと思います。そもそも、仲の良くない人は掃除も店番もお見合い相手の紹介もしてくれません。結婚式の余興も仲の良くない人には頼まないと思います。つまり、**「友好関係にある人が多ければ多いほど、無料（あるいは格安）でやってくれる人の範囲も広がる」**ということなのです。

友好関係にある人を増やすためにどうするか、それがこの章の最初に書いたことです。

まず店を開けておくこと。そこを居心地のいい場所にしておいて、人にとって居心地のいい空間を作ること。あるいは、こちら側から近隣の人にあいさつして回ったり、積極的に人の仕事を手伝ったりしておくこと。

そうすると、いつからか誰かがこちらに協力してくれるようになって、いろいろな

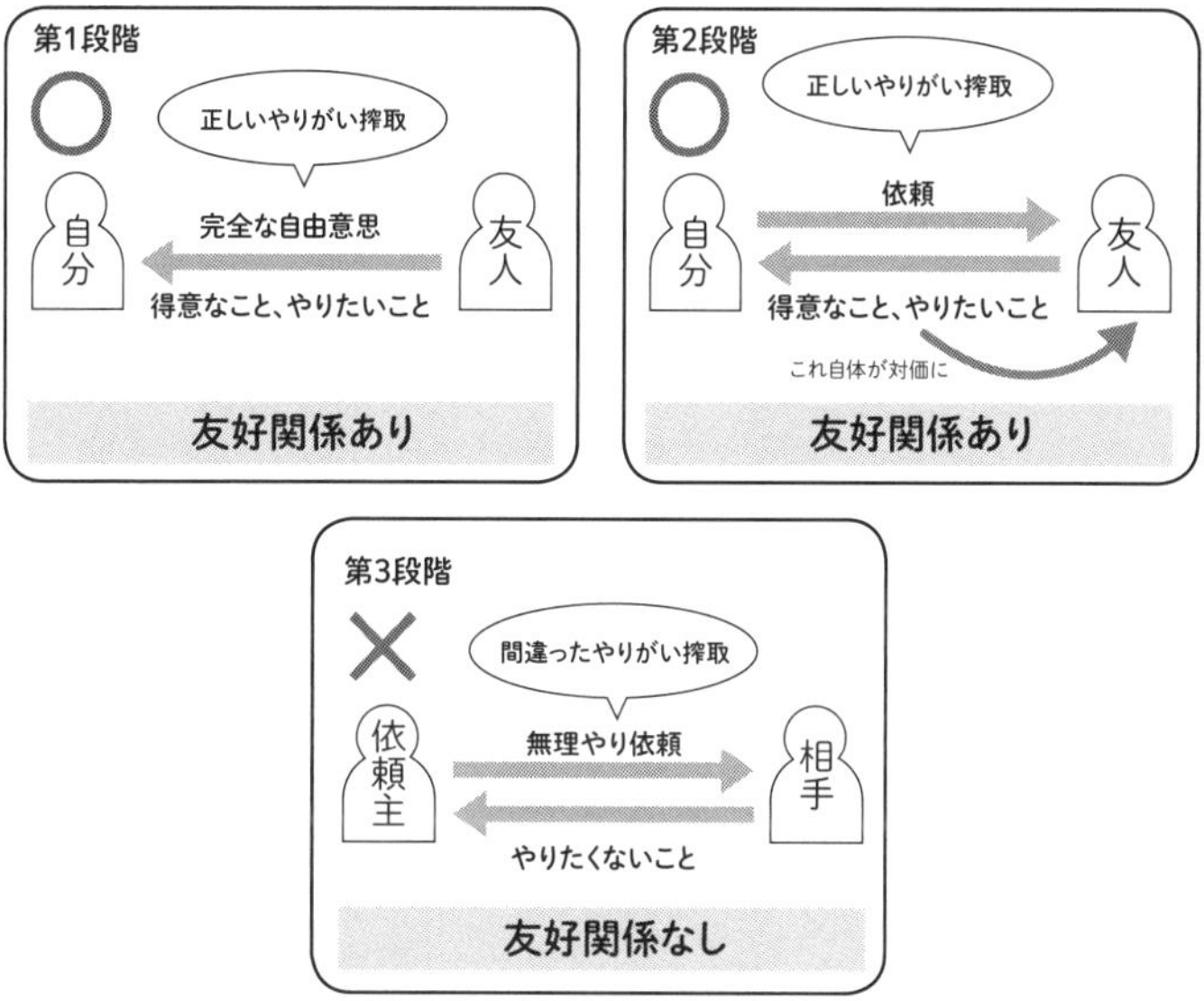

ことが回り出します。これは別に私が発明した概念ではなく、昔からある考え方で、簡単に説明できます。**「貸し借り」**であり**「信用」**です。これが、「生活・資産の労働力化」が起こる原理です。**「生活や資産を信用化する→それを労働力化する→資本になる」**という考え方です。

ちなみに、**「相手が別にやりたくないことを（お金も払わずに、あるいは格安で）やらせる」**人や会社がありますが、**これはダメ**です。いわゆる**「間違ったやりがい搾取（第3段階）」**で、これがよく問題になっているパターンです。ブラック企業なんかがまさにそうです（残業代の規定がある雇用契約を結んでいるのに残業代が支払われない、などは、「やりがい搾取」以前に単純に会社側の契約の不履行です）。

あと、**信頼関係もないのに人の成果物を格安で買おうとする人**も。よくtwitterなどで、ふだん絵を描いている人に無料でアイコンを描いてくれないか、と頼んで炎上している人がいますが、これがダメなのは、絵描きさんがなんの因果でその人のために絵を描いてあげなければならないのか、の**信頼関係が成立していない**からです。

服を作る仕事をしているママ友に「うちの○○ちゃんの服作ってくれない? チャチャッと、端切れでいいから」と頼んで炎上している人は、「**やりたくないことを金も払わずにやらせようとする**」から問題なのです。なぜなら「**やりたくないことはストレスだから**」です。人はストレスを感じることはお金でももらわなきゃやらないに決まっています。

「ノンストレス」な世界を作れば、人は動く

会社においてやることを「ワーク」、会社以外の人生を「ライフ」という関係に置くと、「ワーク」は一定の金額（給料）をもらう代わりに、楽しいことも嫌なこともセットで強制されるのに対して、**「生活・資産の労働力化」**や**「正しいやりがい搾取」**はどちらかと言うと**「ストレス」と「ノンストレス」の関係**に近いです。

人によって何をストレスと感じ、何をノンストレスと感じるかは違いますよね。ストレスが強くてもまったく稼げないことはあるし、ノンストレスでもじゃんじゃんお金が稼げることもあります。**うまくノンストレスでやってもらえる世界を構築してあげると、利益が生まれます**。これが「しょぼい起業家」の立ち回り方です。

人を雇用するほど事業が大きくなってもこれは同じで、基本的に人は**「好きなことをやっているときにはノンストレス、好きでないことをやらされているときにはスト**

レス」ということをつねに頭に入れておいたほうがいいです。

もちろん、お金がじゃんじゃん儲かったらちゃんと還元してあげましょう。自分ひとりだけが儲けていると、いままでノンストレスで楽しくやってくれていた人も「さすがに……」となります。

ベンチャー企業が成功したあと、人が離れていってコケるパターンにはこれが多いです。**儲かっている企業や団体はちゃんと気前よくお金を払うべき**です。誰にも何にもお金を払わない世の中になってしまうと、そもそも経済が成長しません。

ただし、**お金さえ払えば何をやらせてもいいという考え方は、大企業だろうがベンチャー企業だろうがダメ**ですね。

いまの就活生は「とにかく稼げるスキルを早く身につける」という、完全に転職前提の姿勢か、「ほどほどの給料でいいから、居心地のいい職場でのんびり働きたい」かに二極分化しています。つまり戦後のサラリーマンスタイルは完全に終焉《しゅうえん》を迎えたということです。当然ですね。いつ会社はつぶれるかわからないし、とりあえず働いていれば年功序列で給料があがる時代は終わったわけですから。

好きなことでバリバリ稼ぐか、楽なことをボチボチやるかのどちらかしかないのです。いずれにせよ、**気持ちがよい**（**＝ノンストレスな**）**環境でないと人は働かない時代になった**のです。

「やりがい」という言葉を辞書で引くと、まさに**「やるだけの価値**（**を感じて生まれる、心のはりあい**）**」**（三省堂国語辞典第７版）と書いてあります。どこにも日本円に換えなければならないとは書いてありません。**「やるだけの価値」をお金に換えてもいいし、「心のはりあい」に換えてもいい**のです。まさに「正しいやりがい搾取」も含まれますよね。本人はそれをノンストレスでやっているのですから。

人に働いてもらうときは、それが雇用であれ協力者であれ、その人がやりたいことをやってもらうのがいちばんです。**居心地のいい空間でやりたいことをやらせてくれるなら人はいっぱい来ます**。何かをしてもらったら、ありがとうと言って、おいしいお茶の一杯も入れてあげましょう。そういうところには人が集まるし、人が集まれば物事はだいたいうまくいきます。「ワーク・ライフ・バランス」なんて言ってる場合ではありません。**これからは「ストレス・ノンストレス・バランス」の時代**です。

「なんとなく活気がある店」に見せる

余談ですが、「しょぼい店舗」において、「店に雇われているわけでもない暇な人が何人かいる」ことには、別の効果もあります。それは、**「なんとなく店に活気があるように見える」**ということです。自発的に働き出した人たちを見て、やってきたお客さんは「この店はこんなに店員を雇うほど勢いがあるのか」と錯覚してくれるのです。

私の店の場合、単に店の中で3人で読書会をしているときにお客さんが来て、「コピー用紙いくら?」と聞かれたことがあります。「200円です」と答えたら、「3人も店員さんいるのに、そんなに安い金額じゃ買えないよ」と言われました。外から見る人にとっては、店に人がいるということは人を雇ってるんだろう、時給1000円くらいは払ってるんだろうに、大丈夫なのかな、なんて勝手な心配までしてくれるのです。

まず**「店を居心地のいい場所にすること」**。そして、集まってきた人たちが自然と動くようになる**「生活・資産の労働力化」**。副次的な効果として、**「活気がある店に見せる錯覚」**。これがこの章のポイントです。

この章のショボくないまとめ

- 人を動かす原動力はお金だけではない
- 「正しいやりがい搾取」で人に動いてもらおう
- 「居心地のいい場所」に「やりたいこと」があれば人はタダでも動く
- 「ノンストレス」こそ労働問題を解決するキー

第5章

しょぼい店舗を流行らせよう

広告宣伝費なんて、一切必要ない

ここまで、**「いかにお金をかけずに起業し、利益を出していくか」**ということを、**「いかにしてすでにあるものを資本化し、労働力に替え、利益に替えていくか」**という観点から話してきたわけですが、ここまでの話で、まだクリティカルな説明をしていないものがあります。

それは、**「いかにしていままでお客さんでなかった人をお客さんにしていくか」**です。いわゆる**「広告宣伝費」**の部分になります。

大企業ですら、経費を削るときには真っ先に広告宣伝費を削ります。確実に効果が出る広告というのは、おおまかに分ければ「一発で刺さるか、何度も見せて刷り込むか」しかなく、どちらにしても、一般的には非常にお金がかかるものです。

たまに、まぐれ当たりのような形で、予算のかかっていない、「狙ってない」広告がおもしろがられて広まることがありますが、これは文字どおりまぐれ当たりで、狙って当てられるようなものではありません。だいたい狙って当たるのなら、とっくに大資本の広告代理店がやっているはずです。

まして、必要最低限の経費でやっていく「しょぼい起業」の場合、**ない財布を絞って雀《すずめ》の涙ほどの広告宣伝費を捻出しても、まずほとんど効果はない**と言っていいでしょう。そもそも、不特定多数の人のうちの数％に興味を持ってもらうなんて、打率の低い、既存の広告宣伝をやる余裕は「しょぼい起業」にはありません。

じゃあ、流行りのネット広告でしょうか。ところが、**広告らしい広告は、ネットでは非常に嫌われる**のです。Google のリスティング広告なんかも、サイトにひとり呼ぶのに１００円とかかかりますし、そもそもネットをふつうに使う世代の大多数の人は広告を基本的に読み飛ばしています。

というわけで、結局のところ、**いちばん望ましい広告は、「口《くち》コミ」**なんですよね。

当然ですがこの「口コミ」は「クチコミサイト」とは違います。ホンモノの、人から人へと伝わる、文字どおりの「口コミ」です。「クチコミサイト」の評価はお金で買えるかもしれませんが、ホンモノの口コミはお金では買えません。

「無料の品」で店の前まで来てもらう

これは私がリサイクルショップでやっていたことで、ここまでにも何度か出てきていますが、**「ゴミではないが、値段をつけても誰も買わない」ものを、無料で人にあげてしまう**、という手があります。

たとえば「中古だけどまだ書けるシャープペン」だとか、「ルーズリーフのハンパなやつ」とか「誰かが買って使わなくなったクリアファイル」だとかそういったものですね。この手のものを、店の前に**「無料コーナー」を作って置いておくと、どこからともなく人がやって来て、すぐ持って行きます。**次の朝にはだいたいなくなっていますね。

「無料で不要品をあげるなんて意味がない」と思われるかもしれませんが、じつはそうじゃありません。そもそもその不要品は利益をあげるためのものではないからです。**そのタダのものをもらいに、わざわざ店頭まで足を運んで来てもらう**。そのことが大切なのです。

店の前まで来てもらったらこっちのものです。開いている時間だったら店の中ものぞいてもらえますし、店の掲示物も見てもらえます。そして何よりも「あの店に行くと無料でものがもらえる」という口コミになって、地域のコミュニティに広がっていきます。まさしく無料の広告宣伝そのものです。

前の章で、あいさつや人の仕事を無料で手伝いに行くと、あいまいにお金につながったりつながらなかったりする、と言いましたが、これも同じで、**まず店の前に来てもらうことで有料の仕事に結びついてくる**のです。

しょぼい起業では、店の余剰スペースと商品にならない半端物、そして自分の暇な時間を広告に使うわけです。**お金なんか使わなくても、ちゃんと宣伝はできる**のです。

必要とされる店は、お客さんが勝手に宣伝してくれる

直接的に宣伝する方法はここまで書いてきましたが、口コミのいいところは、勝手に広がっていく、ということです。どうすれば広がるかというと、口コミですから当然ですが、お客さんに宣伝してもらうわけです。

お客さんに宣伝してもらうために、あなたはどんな手法が思い浮かびますか？

「ブログやtwitterで宣伝してくれたら、ドリンク1杯無料」とか思いついた方がいたら、それは間違いです。正確に言うと、マクドナルドくらいの大企業で、商品をだいたいみんな知っている会社ならアリだと思いますが、**「しょぼい起業」程度の知名度で「宣伝してくれたら無料」なんてやっても、正直効果が薄い**んです。

「お客さんに好き勝手宣伝してもらう」「twitterで勝手に店の宣伝をしてくれた人がいたらRT（リツイート）してあげる」が正解です。

こちらから何かを押しつける型の宣伝は、労力やお金がかかるだけで、たいした効果は出ません。早い話が、いいお店を作っていたら、お客さんが勝手に宣伝してくれるのです。

そもそも広告とは何を目的にするかといえば、仕事が来ることです。バーであれば、「お客さんが来ること」になります。バーにとっていちばん効果が高い広告は「来てくれそうな人に直接宣伝して来てもらうこと」です。

今でこそ各地に支店ができ、遠くからわざわざ訪ねて来てくれる人も多い私のバーですが、本来の商圏はせいぜい店から徒歩圏内でしょう。しかも、周りになんの店もないただの住宅街ですから、主たるターゲットは近所の人です。ということは、**店の近くに住んでいる呑兵衛《のんべえ》のおじさんと仲良くなって、「こんな店やってるんですよ、今度遊びに来てください」というのがもっとも効果が高い宣伝**ということになります。

そういうおじさんは、たいがい近所に飲み友達がいますし、行きつけのスナックがあったりして、そこのお客さんをみんな引き連れて来てくれたりします。そのおじさんたちに頭を下げて、「また遊びに来てくださいよー」なんて言うと、今度はそのおじさんたちが、「こないだいい店見つけたんだよ、ちょっと行ってみようよ」なんて言って来てくれたりするので、どんどんお客さんが増えていくことになります。

極端に言うと、**自分がかいた汗のぶんだけ、自分が下げた頭のぶんだけ広告になるわけです。**つまり、広告宣伝費がないから開業できないというのは、とてもナンセンスです。**広告宣伝費は、あなたの足や愛想でまかなう**ものなのです。

店舗のＳＮＳを開設するのではなく、ＳＮＳを店舗にしよう

最近はいろんな店舗がＳＮＳアカウントを開設して宣伝手段としています。「きょうはこんな新鮮な魚が入りましたよ！」とか、「期間限定！　これだけのコースと飲

み放題で３９８０円！」とか。

この方法、もともと固定客がついている人気店なら意味があります。よく行く、好きな店のレジのところに「ＬＩＮＥ@やってます！」とか「twitter やってます！たまにオトクなクーポンも配信！」なんて貼ってあったら、とりあえずフォローしてみようか、となりますよね。

ところが、あなたの店がまだ何ものでもない、格別おもしろくもおいしくもデカ盛りでもなく、インスタ映えもしない、ただのなんでもない店だったら、レジにアカウント名が貼ってあったとしても、店にまず人が来ませんし、誰も登録しませんから意味がないわけです。

ではどうするか。**先にＳＮＳで人気になってしまえばいい**のです。ＳＮＳ発信で人気になったお店、いっぱいありますね。海外からやって来て、カレー屋さんを開いたものの、お客さんが来なくて困っていた店主の人が twitter で悲痛な叫びをあげて、それが拡散して人気店になった、という例もありました。下町の住宅街にある、ある大衆居酒屋さんは、居酒屋経営者ならではの毒舌 twitter が人気で、何度も居酒屋経営者ならではの視点のツイートがバズっています。

先にSNSで人気を集めることの何がいいのか。まず、**商圏が広がります**。インターネットがなければ、人が店を見つける方法は、自分がその前を偶然通りかかるか、先ほど書いたように他の人から口コミで教えてもらうか、ガイドブックに載るしかありません。まあ、運がよければ街ブラのテレビに取り上げられるなんてホームランもあり得ますが、これも何かテレビ的なフックがないと引っかかりません。いずれにせよ、リーチする範囲が狭いのです（テレビはリーチする範囲＝見ている人数自体は多いのですが、わずかな時間取り上げられて、見た人がこの店に行ってみよう、と思い、場所と店名をメモする、というところまでいくには手数的にかなりのハードルがあります）。

SNSで人気が集まり、フォロワーが増えるとまず拡散力があがります。つまり、リーチが広がる。しかも、フォロワーが増えると多くの人に拡散される可能性が増え、何度も目に留まることになるので覚えられやすくなります。これを広告の世界ではフリークエンシーと言いますが、繰り返し見るので認知されやすくなるわけですね。この章の最初で、広告で効果を出すには「一発で刺さるか、何度も刷り込むか」しかない、と言いましたが、これを広告ではないふつうのツイートでやるわけです。

当然、広告ではないので、自力でバズるツイートを書かなければなりません。店の宣伝しかしないアカウントほどつまらないものはありません。そんなアカウントはやるだけ無駄です。せめて店の告知用のアカウントと別に自分のアカウントを作って店のアカウントと紐《ひも》づけて、それをバズらせましょう。これの亜種としてブログがバズる、という手段もありまして、私はこれでした。ブログが複数回バズったことで、twitter のフォロワー数がドンと伸び、その後バーの動員が大幅に増えました。**現在、私のバーのお客さんは、大多数が twitter で私を知った人**、ごく一部が私の昔からの知り合いです。偶然店の前を通りかかって入ったお客さんは、じつはごく少数しかいません（その理由は、私のバーの入口を見ればわかると思います。いわゆる「路面店」ではありますが、初見でブラッと入ってみようと思う人は相当勇気がある人です）。

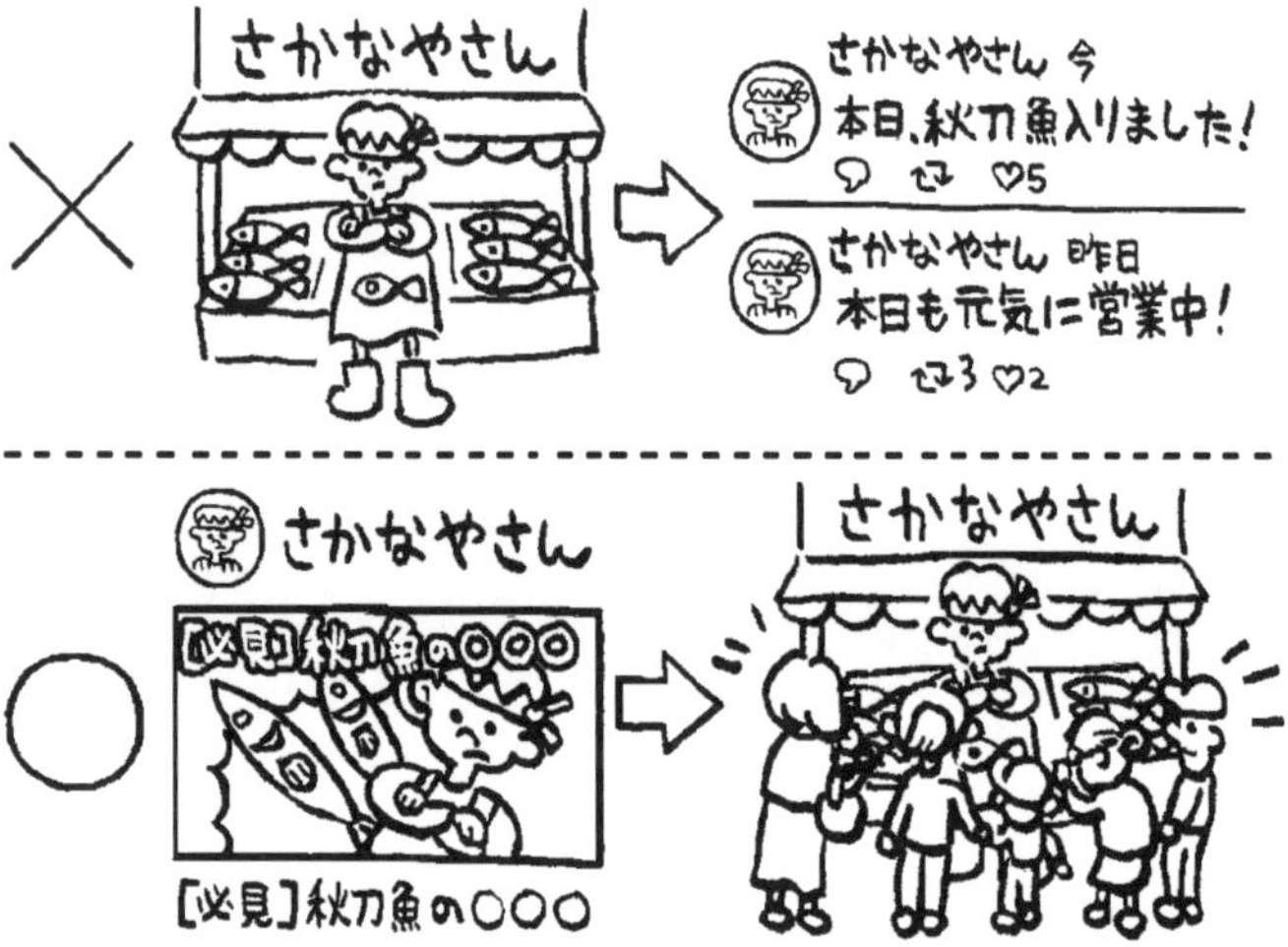

SNSの世界を店舗で具現化しよう。

バーは席数に限りがありますが、SNSのフォロワーには限りがありません。私は、twitterでも基本的にバーのおもしろてんちょうとして発言をしていましたので、その世界をおもしろがってくれるフォロワーさんは、その世界を求め、その象徴として私の店に来てくれます。私がtwitterが好きだということもありますが、私はなんの苦もなく、感じたことをtwitterでツイートしているだけで、店の宣伝になるわけです。こんな楽なことはありません。

いまのオススメはYouTube

SNSにはいろいろな種類があります。現在拡散力が強いのはtwitterで、私はブログ→twitterの順でバズっていった（その後さらに、私の周辺にいる人もバズるようになった）のですが、私の**これからのオススメはYouTube**です。

YouTuberは難しいと思われがちです。そもそもネタを考える→撮影する→編集する→アップする、と作業工程が多いですし、YouTuberは星の数ほどいます。その中で台頭していくのは、実際並大抵の努力では難しいのですが、いったんファンがつくと強いのがYouTubeです。

私はtwitterも同時並行でやっているのですが、これからはYouTubeに向いている人はYouTubeもやったほうがいいと思っています。理由は、これからの人々は、文字媒体よりも**YouTubeなどの動画媒体に触れている時間のほうが長くなっていくと**

予想されるからです。

博報堂DYメディアパートナーズが2018年に発表したデータ（出典：「メディア定点調査2018」）によれば、メディアへの接触時間は年々増加しており、その中でもデジタルメディアへの接触時間は2018年に初めて全体の過半数を突破したそうです。そして、携帯電話・スマートフォンへの接触時間は2013年の倍、1日平均で100分を突破しました。

そして、2017年に総務省情報通信政策研究所が発表した「情報通信メディアの利用時間と情報行動に関する調査報告書」によれば、動画サイト利用時間は平日・休日ともにこの5年で約2倍に増えています。とくに10代の平日・休日および20代の休日の動画サイト利用時間は飛躍的に伸び、インターネットの中でもSNSに次いで2位となっています（詳しいデータは検索してみてください）。

情報を得る手段の中心が新聞からだんだんテレビに取って代わられたように、これからはネットで動画サイトを見る人がますます増えていくはずです。いまの若い人は家にテレビがない人も多いでしょう。そういう人は何を見ているかというと、動画を見ているわけです。そうなると文字媒体よりも動画媒体のほうが接触時間が長くなるわけですが、「単純接触効果」というものがありまして、人はより長く触れているものには自然と好感を持つようにできているのですね。これは衣服や味などにも応用されますが、広告もこの理論で成り立っています。だから、企業はたくさん広告を出すのです。

つまり、ツイートを読むのにかかる時間は数秒ですが、YouTube の動画は何分も自分の顔を映しっぱなしにしてくれるので、それだけ単純接触効果が高い、という理屈になります（もちろん、同じ数の人の目に触れたら、ですよ）。

ツイートはバズっても1日、長くても2日で伸びるのは止まってしまいますし、ひとつのツイートが伸びたからといって、他のツイートが同時に伸びるということは少ないですが、YouTube の動画だと、チャンネルを作って登録してもらえば他の動画も見てくれる確率が高くなります。コンテンツがずっとそこにある、というのはとても大事なことで、早い話、私が寝ていても YouTube の中の私が私を宣伝してくれることになります。寝ている間に過去の動画の中の私が働いてくれるなんて最高ですね。

私の場合、まあ過去にいろいろな経験をしたことからいろいろな方向に人脈があり、それを生かせたことが大きかったのですが、それでも最初に動画が爆発するまで半年以上かかりました。たしかに手間はかかります。

出版不況が長く続いていますが、これからは文字編集者の役割を果たすのが動画編集者になっていくのではないかと思っています。テレビと違って、YouTube は少数の人が間を空けずにしゃべり続けていくスタイルが主流です。ということは、YouTuber の動画はテレビよりも、むしろ書籍やブログに近いんですよね。つまり、ネタを持っている人が自分で編集する、という従来の YouTuber スタイルの他に、今後は編集チームを組んで複数の演者をディレクションし、プロデュースしていくというスタイルも成立していくのではないかと思っています。

YouTuberとテレビタレントの区別はなくなっている

それはそれとして、YouTubeに動画をあげるメリットはもうひとつあります。それは、「画面の中の人になれる」ということです。

先ほど、若者の動画サイト利用時間が飛躍的に伸びているという話をしましたが、彼らが見ているものは決してYouTuberの動画だけではないはずです（それが著作権法的にOKかNGかどうかは別として）。テレビからアップロードされたバラエティ番組の動画なども見ていることでしょう。

そうなるとどうなるか。さすがにビートたけしさんや明石家さんまさん、タモリさんなどをYouTuberだと思っている人はいないでしょうが、今年売れ始めた若手芸人さんなどは、若者にとっては最近流行りのYouTuberと同じような扱いになります。

なぜなら、テレビを見ない若者にとっては彼らはYouTuberと同じ「YouTubeで見かけた人」になるからです。少し古い例になりますが、8・6秒バズーカーのおふたりの「ラッスンゴレライ」のネタは、YouTubeで爆発的に拡散しました。それがもっと規模が大きくなり、世界に到達したのがピコ太郎さんの「ＰＰＡＰ」です。

YouTubeで動画がハネるということは、ある種**「画面の向こう側の人」になれるチャンス**だということです。実際、私のYouTubeのある動画は9月に400万回再生され、チャンネル登録者数が7万人を超えましたが、この直後から私が店に行くと「あっ、ホンモノのえらいてんちょうさんだ！」と言うお客さんが格段に増えてきました。それまではホンモノも何も、私はただの閉店間際に集金に行く人だったのですが、YouTubeで動画が爆発したことによって、私を「画面の向こうの人」と認識する人がそれだけ増えたということです。

お客さんが入るイベントなんかにもたまにお声がかかるようになりました。2年くらい前までは、私は、誰もお客が来ないバーのカウンターでぼーっとしている、ただの暇な店長だったのですが、世の中は不思議なものです。

というわけで、ＳＮＳやYouTubeはどんどんやりましょう。何より、やるのも見るのも無料です。あなたがおもしろいコンテンツを出し続けられれば、それは必ず集客につながります。

誰も来ない店には誰も来ない

さて、ＳＮＳを効果的に店の宣伝に利用しようという話でしたが、店というのは不思議なものでして、**誰も来ない店には誰も来ませんし、たくさんの人が来る店にはさらに人が集まってくる**という現象があります。これはもうビックリするほど本当の話で、人が来なくなってつぶれる店は、少し前に訪ねるとすぐわかります。本当に閑散

として、空気が淀《よど》んでいる。いわゆる「死臭」がするんですね。反対に盛り上がっている店は、どんなに外観がボロかろうが、店の一部が壊れていようが、活気というか生命力にあふれています。

当然、経営者としてはたくさんのお客さんに来てもらって、店に活気があるほうがいいわけですが、いつもいつもそういうわけにはいきません。流行ってる店でも閑古鳥が鳴く日はありますし、そもそも開店当初はお客さんなんかひとりも来ないことが多いわけです。

店主はこう思うわけです。「暇だな～」「誰も来ね～」「もう店閉めて帰りてぇ～」。まあそう思うのもっともなんですが、それを口に出したり、SNSに書いたりするのはやめましょう。じつはそういうことが「死臭」の正体だったりします。

お店の状況は「大本営発表」が基本

先の太平洋戦争において、旧日本軍は大本営発表でウソつきまくってましたね。敵艦は1隻しか沈めてなくて、帝国海軍はボロカスにやられても「敵艦轟沈《ごうちん》、当方被害は軽微」なんて発表になるわけです。

この「大本営発表」自体は、戦争継続のため、民間人・兵士の士気をあげるために必要不可欠だったのだと思います。

結果的には戦争を継続するという戦略自体がバカげた選択だったわけですが、勝ってたらそれはそれで「いい作戦だった」となると思うわけですね。

「ミッドウエー海戦、連合艦隊壊滅的大敗」なんて発表をしたら、これはもう厳しいですよ。まず兵士は負け戦だと悟るとパフォーマンスが落ちますし、銃後の国民たちは露骨に厭戦《えんせん》ムードに傾きます。こと戦争に関しては、悪い事実は過小評価し、良い事実は過大に宣伝して発表しないと、士気が落ちます。これは指揮官も同じです。

さて、店に置き換えてみます。お客さんを「国民」、店主を「大本営」とすれば、**大本営が「暇だな〜」「誰も来ね〜」「もう店閉めて帰りて〜」と発表して士気があがる国民はかなりまれ**でしょう。

太平洋戦争は大敗したわけですが、士気が低ければ絶対に勝てない、戦う前から負けてしまうわけですよね。なので、そもそも士気をあげて、それからが勝負になるわけです。戦争においては結果が問われるので、それはもう慎重な判断が必要とされるでしょうが、こちとら何時つぶれるかわからないしょぼい店ですよ。士気まで下げちゃったら必敗です。即店がなくなります。

仕事をしている人のところに、仕事は来る

この話は基本的に飲食店を想定していましたが、他の業態でも同じことが言えます。「仕事全然来ね〜」「しばらく現場仕事が何もない」という工務店に、家を建てることを依頼する人はどれだけいるでしょうか。

有名なところに人が頼む最大の原因は、有名なところは場数をこなしていて、仕事に慣れているからなのです。**「仕事なーんもないから、仕事ください」って人より、「めちゃくちゃ忙しいけど、この日なら時間空けられます。どうしますか？」っていう人に仕事を頼みたい**ですよね。

「なんとなく楽しそう感」が人を集める

飲食店なら、**マイナス情報は公開の場に出さない**ほうがいいでしょう。売り上げが悪かった、客が全然来ない、ゴキブリが出た、全部NGです。

お客さんが来なかったことをどうしても発表したい場合、たとえば「天気が悪かったが、思ったよりたくさんの方にお越しいただいた」とか、「きのうは満員だったが、きょうはお座りいただけます」とか書きましょう。

工務店で仕事が来なかったら、道行く人にあいさつをしながら、キレイな作業着を着て、店の前を掃き掃除していましょう。そして店の前を整理しましょう。仕事をしてる感が出ます。

この**仕事してる感こそ、お客さんが仕事を依頼するいちばんの条件**なのです。学習塾で、ひとりも生徒がいない状態なら「新規開校!!　新しいコースなので、きめ細かい指導が受けられます!!」です。生徒がひとりしかいなくて、いちおう大学に合格したら、「快挙!!　合格率１００%!!!」です。

ウソはついてません。そういった大本営発表を繰り返すうちに、実際に依頼が来るようになっていき、その依頼を処理できるようになっていき、本当に仕事で忙しくなり、実際に繁盛している店になる、という寸法です。そういうふうになっているのです。景気が悪いときに景気の悪い顔をしていてはダメです。景気の悪いときこそ、忙しさを演出しましょう。

なんとなく楽しそう!!　なんとなくすごそう!!　これだけで人は集まってきます。逆に言えば、なんとなくつまんなさそう!!　なんとなくダメそう!!　それだけで人はその店を舐めて、離れていくのです。

もちろん、実際の太平洋戦争の大本営発表は大失敗に終わりました。私は戦史に明るくないので実際のところどうだったかはわかりかねますが、士気が高くてもどうにもならないほどの兵力差があったりとか、あるいは大本営自体が自分の発表を事実と思い込むようなことになっては、大本営発表は逆効果になるでしょう。すなわち、死期を早め、損失を拡大させるだけのものになるでしょう。

しかし、あなたの店がミッドウェー海戦で敗れたあとの太平洋戦争ほどに状況が悪くないのであれば、大本営発表を試みるのは悪い手段ではありません。

我々は上場企業ではないのです。正しい決算をしなければいけないのは、税務署相手だけです。ウソばっかりついてるとバレて信用を失いますが、ウソにならない程度の「言い換え」をして、勢いを演出することは、悪いことではないばかりか、必要なことだと私は考えています。

「価値の言い換え」でイメージアップ戦略

これは広告の世界では結構な常識です。専門用語はわかりませんが、「価値の言い換え」とでも言いましょうか。いわゆる「マンションポエム」に代表される不動産の

広告などはそれに満ちあふれています。

「3駅4路線利用可能！　電車に乗ればどこへでも出られます」というのは、だいたいの場合、どの駅からも中途半端に遠く、電車に乗るまでは周りに何もない、ということです。「東京に住む価値」というのは、おおむね都県境にあり、いちおうギリギリ東京都、というときに使われます。

「東京に住む価値」の場合は、まだ東京にあるだけマシですが、「憧れの成城が目の前に」だと最寄駅は仙川駅だったりします。成城学園は世田谷区、仙川は調布市で、どちらもいい街ですが「成城」をウリにするとお値段がグッとあがるのです（それでも、世田谷区の物件よりはオトクな価格なので人気があります）。

この場合「成城が目の前」ですから、よく読むと「成城ではない」というのがポイントです。「ウチの目の前がコンビニなんだよ」と言う人はコンビニに住んではいませんね。一時期流行った、家にピンポンして来て「消防署のほうから来たんですが、家庭用消火器の購入を……」というのと同じです。消防署の「ほうから」来たわけで、消防署から来たとは一言も言っていません。

まあ、こんな具合で「ウソにならない程度の言い換え」は実際の社会でも使われていることがわかると思います。「いまのあなたにしか表現できない美しさがある」という化粧品の広告は、「あなたは若いときよりいまのほうが**（ウチの化粧品を使えば）**美しい」ということが言いたいのです。そして、この（　）の中がいちばん大事なわけですよね。こんな感じに大本営発表の表現をうまく工夫して、**店が盛り上がっている「風」に見せ、どんどんファンを増やしていきましょう。**

この章のショボくないまとめ

- **広告宣伝費は、自分の愛想と足で賄う**
- **店舗のＳＮＳアカウントを開設するのではなく、ＳＮＳの空間を店舗にする**
- **お店の経営状態は、「大本営発表」にする**
- **「なんとなく楽しそう」感で、人を集める**

第6章

「しょぼい起業」実例集

「しょぼい起業」を人に勧めようと思ったキッカケ

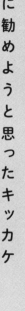

私は、自分自身が「しょぼい起業」によって会社を立ち上げました。いろいろな人のおかげで経営は軌道に乗っています。

そして、私は新たに**「しょぼい起業コンサルタント」**を名乗るようになりました。**「この方法、自分以外の人でもできるんじゃね？」**と思ったからです。

実際に「えらてんメソッド（私ことえらいてんちょう、略してえらてん）」に共感してくれた人がたくさんいて、「自分にもやり方を教えてほしい」と言う人が何人も現れました。

そもそものキッカケは、私が経営していたリサイクルショップの経営権を売却しようと考えたことです。リサイクルショップは黒字でしたし、稼働時間を増やせば増やすだけ稼げる事業でしたが、他の事業にかかる時間や家族との時間を十分にとると、リサイクルショップにかけられる時間が物理的に足りなくなってきたのです。

私のブログの宗教ネタや生活保護ネタの記事がある程度バズり、バーの常連客とtwitter のフォロワー数は着実に増えていきました。当時１５００人くらいだったと思います。そこで、私は「黒字事業のリサイクルショップ売りたし」というブログを書き、事業をやりたい人は twitter でＤＭ（ダイレクトメッセージ）をくれ、という形で後継者を一般公募しました。

応募資格は、運転免許があって（リサイクルショップは軽トラを運転できないとお話になりません）、この事業に専念できて（定職がないか、いまの職をやめられる人）、保証人が立てられて、50万円くらいの現金がある人。店の在庫全部と軽トラ１台とすでに支払い済みの敷金１カ月ぶん、全部合わせて30万円くらいで引き取ってほしい、と書きました。

この譲り先の選考方法もまったく私の事情のみで、評価基準は公表していませんでした。それを考える時間すら惜しかったからです。なので、なんのあいさつもなしに

「やらせてくれ」と言ってくるような人や、「事情を詳しく聞かせてほしい」的な人は選考対象に入れませんでした。

こちらは忙しいので仕方なく譲ろうとしているものの、手塩にかけた黒字事業で、しかも最初に興した店なので愛着もあります。ノウハウはこちらで全部教えるつもりでしたが、**そもそもある程度の礼儀をわきまえている人や、自分のできることをすぐに端的に述べられる人でないと、リサイクルショップを経営していくのに向いていない**と考えたからです。店をつぶされるのは嫌だし、つぶされないようにイチから教育していく時間はないのです。何せ、**中小企業の経営者は即断即決が求められます。**

これだけの条件をつけても、わずか**2時間の間に5人**の応募が来て募集を締め切り、その後直接イベントで会った人も含めて、8人の中から譲り先を選ぶことになりました。「意外と需要があるんだな」というのが正直な感想でした。

面接の上、私の中での厳正な選考をして、最終的な譲り先を3人に絞りました。この3人はそれぞれ魅力があって、いずれもたいへん優秀な人物なので、非常に迷うことになりました。

1人目は以前から私のtwitterをつぶさにチェックしてくれており、当時弱冠20歳だったGくん。

2人目は神奈川で不動産会社をすでに安定的に経営しており、この店を東京進出のキッカケにしたいと言ってくれた、20代後半のK社長。

3人目は古い仲のN氏。いまの仕事がつらいということでの応募でしたが、もともと自衛隊出身で社会人経験も10年以上あり、なおかつ「勤め人しかしたことがないが大丈夫か」というように、謙虚に学ぶ姿勢もありました。

この中で、私が最終的に誰にリサイクルショップを任せたかというと、3人目のN氏でした。

1人目のGくんは礼儀正しく、まさに将来性のある若者という感じで、誰よりも早く、一般公募する前から手をあげてくれた上、ぜひ自分にやらせてほしい、自分が継ぎたいと繰り返し熱意をアピールしてくれ、その想いも十分伝わりました。

ただ、社会人経験が一切ないので「継ぎたいのですが、どうすればいいですか？」とか「いつまでに、どういう手続きになりますか？」といった質問が多く、これは「意欲ある学生」という立場なら丁寧でよいのですが、「次の経営者」という即戦力を求められる状況においては若干しんどいものがありました。**私の会社の資金が潤沢で、若者を丁寧に育成できる環境であれば間違いなくGくんを選んだ**でしょうが、古物商の商慣習だとか商人のカンのようなものまで教え込む手間は、残念ながら私にはかけられませんでした。

2人目のK社長は、さすがに商人で、自分ができる一切の条件を提示して、待つ、という態度に終始してくれました。物腰の柔らかさ、腰の低さ、しかしみなぎる自信と良い体格。人間的な魅力にあふれた人で、この人に任せればうまくいくと直感しました。何よりも、**同じ経営者として、私のノウハウの蓄積や苦労を高く評価**してくれ、**提示した売値の倍近い値段**をつけてくれていました。ノウハウがタダで手に入ると思っている人が多い中、そこを評価してくれたのは、本当にうれしかったのです。

あとから聞いた話によれば、K社長はこの時点で私のtwitterをフォローしているどころか、**私の存在すら知らなかった**そうです。ただ、彼のタイムラインに募集のリツイートが回ってきたので、即座に、まず事業のリスク等について大きなトラブルは抱えておらず、細かい手続きはあとからでもどうにかなると判断し、さらに買い付けのライバルが30万円で起業したい若者だと踏んで、オークション的にそれくらいの値段をつけた、と。作業や収益の動線を整える過程にはそれなりの苦労があるはずなので、内容をざっと見た感じではその数倍の価値があると思ったが、そこは自分の利益が最大限に出る形でオファーをさせてもらった、ということです。**商人として見習うべき見事なロジック**です。

ただ、K社長の本業が神奈川県の中部を拠点にしており、地理的な問題があったのと、このときの私とK社長は初対面だったので、まだ腹を割ってなんでも話せるような間柄ではありませんでした。

3人目のN氏は、そもそも旧知の間柄で、いまの仕事がつらいということも、実務能力には問題なさそうだということもわかっていました。何より決定的だったのは、**私のものの考え方をわかっており、賛同してくれている**ということでした。前の章で書いたように、私の店はあいまいな人々があいまいに出入りして、近所のおばさんが涼みに来たりするような、少々変わった店ですので、それを受け入れてもらえる、という確信があったことも大きかったです。

事業というのは、まさに子どものようなもので、さまざまな苦労、喜び、悲しみ、そういったものが詰まっています。小さな事業を売却するというのは、自分の子どもを養子に出すようなものです。昔は養子がさかんにおこなわれていましたが、子どものいない親族のもとに、という例も多かったといいます。親族であれば、顔も人柄も知っているし、いつでも見に行ける、そういった安心感があったわけです。「支度金」という概念はもちろんありましたが、おまけ程度のものです。

いくらで売れるかよりも、**あの人が見てくれるなら、という安心感。**そっちのほうが私にとってより重要だったわけですね。Gくんも、K社長も、もちろんほかに手をあげてくださった方もみな、信頼に値する人物だと思いましたが、**やはり積み上げてきた時間というものは大きかった、**ということです。

こうしていままでは、N氏がリサイクルショップの店長としてやってくれています。店はとくに昔と変わりなく運営されているようです。そして、店を継いだあとのN氏は数カ月で経営者として相当タフになったと思います。やはり**グダグダ理論をこねているよりも、実際に経営してみたほうが何倍も経験値が貯まるということです。**候補1人目のGくんとは、いまも仲良しです。彼もいろいろな経験を積んでいるので、やがてはひとかどの人物になることでしょう。

そして、2人目の候補だった神奈川のK社長という人物に、私は非常に興味を持ちました。当時彼の twitter のフォロワーは数十人といったところでしたが、彼は絶対おもしろいと確信し、また不動産投資家としても優れた人だったので、リサイクルショップの話のあとも twitter で楽しく会話をしていました。

「しょぼい起業」メソッドで起業したい若者登場

そんなある日、私はあるブログを見つけました。**「喫茶店やってみる」**というブログで、大学は卒業予定であるものの就活に失敗した、**そもそも勤め人にも向いていないので起業したい**、と言うのです。おっ、と思って読んでみると、起業したい理由は**「①寝られない起きられない」「②就活が無理」「③働きたくない」**……ええ、そうです、私もほとんど同じようなものでした。

ブログには次に、喫茶店をやることのメリットをまとめてありました。しかも、**「コーヒーが大好きだから、その知識を生かして……」**とかそういう理由ではないのです。

「周りに絵を描いたり、写真を撮ったり撮られたり、やりたいことをやってきた友達がたくさんいるが、**長い時間をかけて培った知識や技術だとしても、お金にならなければいつか諦めざるを得ない。**私が喫茶店という形で店を持っていれば、自由に作品を飾って売買したり、自由に音楽を奏でて投げ銭を得たりする空間を創ることができる。もっと言うと、安くごはんを食べて、働きたいときに気軽に働ける場所が確保されるし、物々交換で何かを得る場所が確保される。

そういう人たちが集まる空間を私が作れば、彼らをいろいろな面でサポートできるのではないか。**端的に言うと、中途半端な人が中途半端なまま生きていく場所を作りたいのだ**」（著者要約）

パッと読んで、いいなあ、と思いました。私の「しょぼい起業」マインドに着想を得たのでしょう。まさに**「しょぼい喫茶店」**です。

いままで何度も書いてきましたが、「私のコーヒーには自信があるから喫茶店を作る」ではなく、「仲間たちのたまり場、ある意味サロンのようなものを目的としてスペースを構えたい、どうせ**スペースがあるなら喫茶店もやる**」というのは、私がバーを作るときとほぼ同じ考え方で、まさに「生活の資本化」の発想です。

彼は3日後、さっそく自分が出店を考えている街を、その街出身の友人と歩き（協力者をお金を払わずに得ている）、市場調査などをしながら地場の不動産屋さん巡りをして、よさそうな物件を見つけました。**この動き出しの速さは実に起業家向き**です。

ところが、ここで彼は問題に直面しました。彼はバイトでお金を貯め、60万円ほどの開業資金を準備していたのですが、不動産屋さんに初期費用を尋ねてみると、どう考えても足りないことがわかったのです。いわく、保証金4カ月、礼金2カ月、前家賃1カ月、仲介手数料1カ月、保証会社1カ月で、合計9カ月ぶんの初期費用を準備せねばならないと。探せばもうちょっと安い物件もあったと思いますが、彼はここが気に入ったのです。

１００万円の出資が瞬時に決定

店は開きたいが資金が足りない。この場合、バイトでさらに資金を貯める、あたりが王道でしょうが、いまのこの物件が、資金が貯まるまで空いている保証はどこにもありません。銀行に借りるという手もありますが、当然リスクは高くなります。そこで彼（えもいてんちょう氏。えらいてんちょうをもじったハンドルネーム）はtwitterでこんなツイートをしました。

> えもいてんちょう@emoiten　13:18 - 2018年1月15日
> 詳しいことはよくわかりませんが、仮想通貨で稼ぎまくった人、税金対策で１００万くらい僕にください。しょぼい喫茶店やります。税金対策になるかどうかはわかりません。

えもいてんちょう@emoiten　18:39 - 2018年1月15日
成果物、進捗を発信しながら、１００万くれる人を手ぐすねを引いて待つ。

これを見た私が思い出したのが、リサイクルショップの件のK社長こと、カイリュー木村氏でした。彼は奇しくもその前日、こんなツイートをしていました。

カイリュー木村@ababa2017　0:20 - 2018年1月14日
個人のコンテンツ力が信用や金を集める時代、Ｂ２Ｃを一個持っとくのは強い

カイリュー木村@ababa2017　1:23 - 2018年1月14日
えらてんさんメソッド、都内開業で素直そうな子なら普通に食いっぱぐれないと思う。１００万くらいなら面倒見るからとりあえず挑戦する姿見たい

それを覚えていた私は、こんなふうにカイリュー木村氏に話しかけてみました。

> えらいてんちょう@eraitencho　18:47 - 2018年1月15日
> @ababa2017
> あったことないひとですが面白そうなんで１００万くらい投げてみてくれませんか？

で、こうなりました。

> カイリュー木村@ababa2017　18:49 - 2018年1月15日
> @eraitencho
> いいっすよー

最初にえもいてんちょう（以下えもてん）氏がツイートしてから5時間半弱、この時点では出資者は現れませんでしたが、2回目のツイートをしてからは**わずか10分で、開業資金100万円の出資者が決定**しました。

> えもいてんちょう@emoiten　19:12 - 2018年1月15日
> @ababa2017
> 100万いつでもダッシュで受け取りに行きます。よろしくお願いします。

商人は話が早いのです。結果、この4日後に、私の先輩がやっている店でカイリュー木村氏とえもてん氏の顔合わせをおこないまして、100万円の出資が正式に決定したわけです。そして、店のオープン目標が3月1日に決定しました。

この出資に関して、カイリュー木村氏は自分のブログでこう語っています。

「しょぼい喫茶店、100万についてては個人事業への出資契約っつーことで話決まりました。

（中略）この件について即決したのはえらてんさんのご紹介ってのもあったけど、経営者のえもてんくんが凄く寡黙で、たしかにダウナーでふわっとした文を書くんだけど心の中には暖かい何かを秘めてそうだったってのが一番大きいんだよね。

僕は学生時代あんまり居場所あるタイプじゃなかったから、そんなハミ出し者をゆるく受け入れてくれる喫茶店とかあったら拠り所にしてたなーとか思ったりして…

そういう昔の自分への救済みたいな部分もあるかもしれないっすね。

ビジネスだから当然儲からなきゃ続かないし続かなきゃ多くの人を巻き込むこともできないのだけど、いまはとにかく気負わず自由に自分の居場所、自分だけの城を築いて欲しいと思います。」

お金を稼いだり貯めたりするのは大変だ、と言われて久しいですが、彼はこうやって開業資金を調達しました。「えもいてんちょう」とはよくも名乗ったもので、まさにカイリュー木村氏は**彼の「エモさ（エモーショナル《感情が強く揺さぶられる》な様）」に100万円の出資を決定した**のです。出資の理由なんて案外こんなものです。

えもてん氏は、カイリュー木村氏が名乗りをあげてくれたときのことをブログでこんなふうに回想しています。

「しょぼい喫茶店をやりたいので、仮想通貨で稼いだ100万くれ。という非常に突拍子もないツイートをしたところえらてんさんがリツイートしてくれて、フォロワーが増えました。

この前の初期費用の話で、あぁ無理だあって落ち込んでいたのでフォロワーが増えただけで、お、これはいけるぞ！　やれる！　と全能感が満ちあふれました。

（中略）お金は増えていなくても**周りに人が増えるだけで、なんとなく元気になる**こと、そして、**必要なときに必要な人に必要なお金を回すことで、やりたいことがやれる、死なくてよかったと思う人が増える**ということは私がしょぼい喫茶店でやりたいと思っていることそのものです。

今回、私が受け手になったことで、そのことが如何に大切なことかを改めて実感し、**次は私が誰かにそう思ってもらえるように動いていきたい**と強く思いました。」

うーん、エモい。

「しょぼい喫茶店」で働きたい人が登場

さて、このえもてん氏のエモいブログを読んで、**もうひとり心を揺さぶられた女性**

がいました。彼女は東京で学生を3年間、社会人を3年間やっていたのですが、激務に耐えられなくなり、九州の実家に戻って、学生をやりながら療養生活を送っていました。ある日twitterで「しょぼい喫茶店」のことを知り、そのネーミングに強烈に惹《ひ》かれ、えもてん氏のtwitterやブログを調べ、そして悩みつつも勇気を振り絞って、えもてん氏のブログにコメントを残しました。


「初めまして。突然のコメント失礼します！

凄い勢いでしょぼい喫茶店計画動いてますね。

私も100万円は無理でも、少しは出資できると思うので、ぜひこのしょぼい喫茶店で働かせて貰《もら》えないでしょうか？

ゆるく人と人が繋《つな》がれるような空間で食べていくには困らない程度の収入を得られるような、**ちっぽけでいいから死にたい死にたいと思わない日々を送れる仕事をしたい**と思っていましたが、なかなか行動ができずにいました。

それが喫茶店という形でできたら最高だな……と思っていたところに『しょぼい喫

茶店』を計画されてるブログ主様を見つけて心から出資をさせて頂きたいと思いました」（抜粋）

このコメントを書いた心理を、この女性こと「おりん」さんは後にこんなふうにブログに綴《つづ》っています。

「漠然と生きづらさを感じている人、当たり前に就職をして当たり前に毎日満員電車に揺られ通勤し、会社の一駒として道具の様に使われ**働く為に生きてるのか『生きる為には働かなければならない』から働いているのか訳がわからなくなっている人**、皆がこの社会の流れになぜ息苦しさや疑問を感じないのか理解できない人。

もっと楽な生き方を模索してもいいのではないか？

もっと楽な生き方はどこかに無いのか？

コメントのとおり、有名な起業している方に感化はされれど自分には何ができる訳でもなく……

『しょぼい喫茶店』は鬱々とした日々の中で見つけた光でした。

大富豪になりたい訳でもなく、高級ブランド品がほしいわけでもない。ただ毎日死にたい、生きるのを辞めたい。と思わなくてもすむような日々が送りたい。

『しょぼい喫茶店』はそういう日々を可能にできるんじゃないかと思ったので、そこで働きたいと言い出しました。

そんな日々を望む人達と繋がって、とりあえず生きておくのもいいなって一緒に思える日がきたらとてもうれしいです。」(抜粋)

これまた非常にエモい！

開店ストーリーに共感したファンが押し寄せる

えもいてんちょう氏と、えもい店員であるところのおりんさんは、こうやって出会いました。えもてん氏のブログが更新されたのが1月26日。おりんさんはその日のうちに上記のコメントを残し、twitterのDMでえもてん氏と話を進めます。そして、2月8日にはおりんさんは急遽《きゅうきょ》上京し、えもてん氏と対面することになります。

おりんさんはえもてん氏に「熱エモい」プレゼンを繰り広げ、えもてん氏はおりんさんに「一緒にやっていきましょう」と言うことになります。

このとき、おりんさんがえもてん氏に心強さを感じたのが、「九州から出てきて喫茶店一本でやっていくのは金銭的にもネットワーク的にもよろしくない。すごく気は進まないけど、前職関連の派遣をやろうかな……」とポツリと言ったところ、えもてん氏が即座に**「やめましょう。やりたくないことはやめましょう」**と返答したことだったそうです。

そして、その3日後、2月11日の日曜日、私のバーの昼営業として、いわばモデルルームのような形で「出張しょぼい喫茶店」がこの2人によって開かれました。それまで、私のバーは昼営業にそこまで積極的ではなかったのですが、この**「出張しょぼい喫茶店」は大当たり**でした。私はキーマカレー、チーズケーキ、コーヒーをいただきましたが、食べ物飲み物はまったくしょぼくなく、**これ目当てでお客さんが来るレベル**のものが出ていました。

起業までのストーリーをtwitterで見ていたバーの常連客が続々と押しかけ、店は満席。わずか5時間の営業で十分すぎるほどの売り上げを出しました。私のバーと「しょぼい喫茶店（予定地）」は、地理的にわずか3kmほどしか離れておらず、歩いて行くには若干しんどくても、自転車であれば余裕の距離です。つまり、私のバーの常連客のうち、いくらかは初期の客として行ってくれるはずです。**これは当たる、大丈夫だ。**私は様子を見に来ていたカイリュー木村氏とうなずき合いました。

どの店でもそうですが、店に固定のお客さんが定着するまでの数カ月が、経営的にはいちばんつらいのです。前の章で書いてきたように、私のリサイクルショップでは、あいまいに人々が出入りする空間を作ったり、地元の人に笑顔であいさつしたりして土地に溶け込み、「人が出入りしている空間」を作り、仕事っぽいものを頼まれたり頼まれなかったりしてお客さんが来るようになったわけです。

「しょぼい喫茶店」の場合、いまの時点ですでに**立ち上げのストーリーに共感したファンがかなりついている。**これに最初期は支えられるはずです。そして、出している商品の質もよい。えもてん氏とおりんさんは美男美女で、2人とも雄弁に語るタイプではないものの、愛想がよく爽やかで、きわめて居心地のいい空間を作っています。であれば、自然と地元の人も集まって来るはずで、当然経営は軌道に乗るはずなのです。

あまりにも「出張しょぼい喫茶店」が当たったため、急遽1週間後、2月17日の土曜日の昼に「出張しょぼい喫茶店」をもう一度設定しました。おりんさんが18日にいったん九州へ帰るので、17日がデッドラインだったのです。結果はまたも大当たり。前回も来て今回も来てくれた人もいましたし（**店がオープンする前にリピーターがついた**わけです）、今回初めて来てくれた人も大勢いました。

「しょぼくても生きていていいこと、生きていけることを示したい」

オープン予定まで2週間を切りました。「しょぼい喫茶店」の場合、飲食店としての保健所等への申請も必要になります。おりんさんが九州に帰っている間、えもてん氏が奮闘します。

2月21日、図面と書類を作成して保健所へ営業許可の申請。このとき、えもてん氏は書類の店名に正式に「しょぼい喫茶店」と記入して申請し、保健所の人に「これでいいんですか」と爆笑されます。ここまで読んでいただいているみなさんも「しょぼい喫茶店」はあくまで通称だろうと思っていた方が多いと思いますが、**正式な店名が「しょぼい喫茶店」**なのです。

これに関しては、私ももうちょっと違う名前をつけたほうがいいんじゃないか、と言ったのですが、えもてん氏は「しょぼい」という部分に「ふつうのことがふつうにできない、いろいろ中途半端で何をやっても続かない」という意味を込め、**「しょぼくても生きていていいこと、生きていけることを示したい」**と、あえてこの店名を選んだということです。何しろ店長がエモいので、店名はしょぼくてもその由来はエモいのです。

22日、オープンまで1週間、えもてん氏が食品衛生責任者の資格を取得。これで料理と飲み物が出せるようになりました。24日、えもてん氏の実家から、食器やコーヒーメーカー、タオルなどの必需品が、えもてん氏のお母さんの手によって大量に運びこまれます。

「実家の協力を得られる」というのは「しょぼい起業」にとって非常に大きなファク

ターであり、まず物件を借りるときの保証人になってもらえること、ピンチのときは仕送り等で助けてもらえること、などの利点があります。

ただし、当然そのためには、親御さんに起業することを応援してもらわねばならないのですが、**ふつうは大学を出て就職せずに起業したいと言うと、よほど理解のある親でなければ反対されるので、それなりの説得材料が必要**となります。

えもてん氏の場合は、借金をしてないこと、する予定もないこと、固定費が安いこと、貯金がそれなりにあること、これをやるのがいまの自分にとって何よりの幸せであること、などを力説し乗り切ったそうですが、やはり多少揉めはしたようです。ただ、最終的にはえもてん氏のご両親は理解をしてくれ、応援をしてくれるようになったということです。ここは非常に大きなポイントでした。「しょぼい喫茶店」記念すべき最初のお客さんはえもてん氏のお母さんになりました。

死なずに生きていて、よかった

25日、えもてん氏がtwitter上に公開していた「ほしいものリスト」から荷物が大量に届きます。

この**Amazonの「ほしい物リスト」**、それから友達同士で小規模なクラウドファンディングができる**「polca」**というサービスは、**「しょぼい起業」においては非常に重宝**します。

早い話が、応援してくれる人がそれを形にできるサービスなのですが、「しょぼい喫茶店」の場合、応援してくれる人が多かったので、開店段階では設備投資や仕入れのかなりの部分を「ほしい物リスト」でまかなえたようです。店内にある小さなソファーや、小さなテーブル、2人が休憩するための厨房《ちゅうぼう》の中のイスも「ほしい物リスト」から送られてきたものです。額にすると相当な支援がありました。**すべて、えも**

てん氏とおりんさんを応援する人たちの厚意によるものです。「しょぼい起業」において**「人と仲良くなる、人に好かれる」ということがいかに大事か**ということがここからもわかります。

26日、冷蔵庫等の搬入が終わり、必要なものがだいたいそろいました。27日、保健所が検査にやって来て、晴れて営業許可が下ります。いよいよ開店の準備が整いました。28日、おりんさんが再度上京、役者がそろったところで3月1日、いよいよ「しょぼい喫茶店」がオープンの日を迎えました。**1月15日、「誰か100万ぐらい出資してくれ」と言っていた青年が、3月1日に店の主としてカウンターに立っている姿**は感動的なものがありました。店には開店祝いの花や差し入れが続々と届き、たくさんのお客さんが訪れました。

怒涛《どとう》の初日営業を終え、えもてん氏とおりんさんは、異口同音にこんな感想を述べました。**「死なずに生きていてよかった」**――。奇しくもおりんさんは明けて2日が

死なずに生きていてよかった。

誕生日。「一年前の私に教えてあげたい。その狭い狭い空間に必死でしがみつかなくても生きていけるということ。明日の保証が何もないとしても、なんとなく人と繋がっていれば何となく生きていけそうだなあと思えること。先のことは全くわからないけど、こんな生き方があると知れて良かった」とのちに彼女はブログで語っています。

その後も、日によっては席に座れず立っている人あり、食べ物飲み物すべて売りつくしてしまっての店じまいあり、と大繁盛。3月8日に公開された地方密着型経済ニュースサイト「中野経済新聞」の特集記事はYahoo!ニュースにも取り上げられるなど、「しょぼい喫茶店」は間違いなく大成功と言っていいスタートを切りました。

特筆すべきことは、**開店して1カ月も経たないうちに**私のバーの常連客以外のお客さんの割合が**4割近くになった**、ということです。最初こそ私のバーのお客さんがフックにはなりましたが、あっという間に地元に溶け込み、いわば「真水のお客」をつかんだ、ということになります。

これは、もちろん私のメソッドだけではなく、えもてん氏とおりんさんの人柄と、その努力によるものです。

「しょぼい喫茶店」はこんな感じでスタートし、少しずつ営業スタイルをマイナーチェンジしながら、先日無事に営業開始から半年を迎え、盛大なパーティが開かれました。

そして、２０１８年11月1日。えもてん氏とおりんさんは、twitter上で結婚したことを発表しました。1年前、２０１７年の11月1日、えもてん氏は「就活どうしよう」と悩み、おりんさんは「もう二度とあんなつらい思いはしたくない」と思いながら実家の九州で療養しており、お互いの存在すら知りませんでした。1年前のえもてん氏やおりんさんは、1年後に自分たちが店を出し、その店に生き甲斐《がい》を見つけ出し、伴侶まで見つけるとは思ってもいなかったことでしょう。

いまの自分がとてもしんどくて、もう生きていく意味なんてないと思っている人。あなたの1年後がどうなっているかなんて、あなた自身も含めて誰にもわかりません。どうか、自分の人生を放り投げて諦めてしまうのだけはやめましょう。

しょぼくてもいい。自分たちのできることを、自分たちのやりたいように。「しょぼい喫茶店」のスタイルは、多くの人たちに受け入れられてきょうも繁盛しています。

「しょぼい喫茶店」の開店と前後して、各地から私のバーの地方支店をやりたい、あるいは同じシステムを使ってバーを作りたい、という声が続々と届き始めました。そして、私が店の看板を任せるに足る人物だと判断した場合は、実際に店を出してもらっています。現在のところ、北は札幌から南は福岡まで支店が広がりました。

マクドナルドのように駅ごとに店舗を作るようなタイプの店ではないので、これからもめちゃくちゃ店舗が増えていくということはないでしょうが、各地でみんながみんなのできる範囲でやっていっているのは、いちおう「しょぼい元締め」であるところの私としてもうれしいところです。

「お金」に執着しない生き方

えらてん

×

pha

pha：1978年生まれ。大阪府出身。京都大学総合人間学部を24歳で卒業し、25歳で就職。在学中は京都大学熊野寮に居住。できるだけ働きたくなくて社内ニートになるものの、28歳のときにインターネットとプログラミングに出会った衝撃で会社を辞める。以来毎日ふらふらしながら暮らす。シェアハウス「ギークハウスプロジェクト」発起人。代表作に『ニートの歩き方　お金がなくても楽しく暮らすためのインターネット活用法』（技術評論社）、『持たない幸福論　働きたくない、家族を作らない、お金に縛られない』（幻冬舎）など。また、えらいてんちょうが開店したバーのお客第1号でもある。twitterアカウントは@pha。

「ニートの歩き方」から「しょぼい起業」に流れる若者

えらてん　phaさんは、『ニートの歩き方―お金がなくても楽しく暮らすためのインターネット活用法』で、「『ニート』でも『無職』でも『ひきこもり』でも、会社を辞めても仕事してなくても、幸せに生きることはできる」と書いていて、いろんな人たちに影響を与えたんですよね。じつはいま、私のバーやその周りには、phaさんの本を読んでた、という人がちょこちょこ来ていて。これは借金玉（200ページ参照）が言っていたんだけども、phaさんの『ニートの歩き方』を読んで「会社辞めればいいじゃん」という論に感化されて辞めてはみたものの、その先どうしたらいいかわからない人が、「しょぼい起業」をやってる私のほうに流れてきてるんじゃないかと。phaさんもそういった人たちを積極的に私のほうに流してきてくれてるっていう

（笑）。

pha　えらてんとかに流してるのは、そういう人に会っても僕は別に直接話したいことはないんですよね。あと、僕はいわゆる教祖的なことをやるのは苦手だけど、えらてんは教祖的に人を先導していくのがわりと好きそう、という理由かな。僕はいっぱい集まってくる人を一人ひとり相手するのはめんどくさいんだけど、えらてんはそんなに苦じゃなさそうだから。

えらてん　phaさんは、あんまり人に集まってきてほしくないですか？

pha　いや、興味のある人は呼びたいんだけども、興味のない人は呼びたくない。かなり人は選んでますね。少数精鋭的な感じで。この、人を選ぶというのは良いところでもあるけど悪いところでもあって、えらてんみたいに店をやって、多くの人に向けて開いてるのは素直にえらいなと思う。

えらてん　私も近しい人間は選びたいなと思いますよ。だけど、逆に店という形をとっていれば、最悪チャージ５００円とソフトドリンク代３００円払って〝存在〟していてくれれば、私にとってはありがたい人なんですよね。

「店」と「シェアハウス」は何が違うのか

えらてん　私もphaさんも「コミュニティの運営者である」ということでは共通していると思うんですけど、シェアハウスと店という違いがありますよね。

pha　店は多くの人に開かれていて、誰でも来られる。お金さえ払えば、誰でもいい。そこがいいよな〜と思う。僕はいっぱい人が来るのも苦手だし、商売の計算とか苦手だから全然やりたくないし。周りにできる人もいないから、いまみたいな形式でやってる。

えらてん　私もお金儲けにはじつはあんまり興味がないんだけど、「事業がうまく成立する」みたいな、エコノミクスが成立するというメカニズムが楽しくて。「どうやってこの事業を持続可能にするか」みたいなところがいちばん楽しいんですよね。

pha シェアハウスをあえて選ばなかった理由とかあるの？

えらてん シェアハウスって、「誰かが外部で稼いだお金を家賃として払って維持していく」という形じゃないですか。私もじつは以前、シェアハウスを運営していた時代があるんだけども、なんか限界を感じちゃったんですよね。最終的なリーダーとか決定権を持つ人間を明確にしないで「みんな平等」という形でやっちゃうと、結局声の大きい人の意見だけが通るんですよ。全然平等じゃない。声の小さい意見は無視されていって、それが負担とか不満になっていく。

pha あー。

えらてん そもそも、シェアハウスに住もうという人って、「家を借りるお金がないからシェアハウスに住んで、家賃はバイトで稼いでくる」ってことだと思うんですよ。そうすると、初めは仕事以外の時間は家でダラダラして、「みんなでわいわい楽しいね」みたいな雰囲気だったのに、いつの間にか「こっちは仕事で疲れてるのに、下でパーティやって騒いでてうるせえな」みたいになっちゃうんですよね。

pha そういうケースはあるかもね。

えらてん そういうアンビバレントな形になるんです。結局特殊な人しか残らなくなっちゃって、「お金貯まったら家借りて出ていく」って形になっちゃうんですよね。

pha みんな基本的にお金ないから。結局、ある程度お金持ってる人が最初に主宰者になって、みんなそこに集うのが安定する形になると思う。

えらてん お金持ちがやるのは多いかもね。いまだと「ベーシックインカムハウス」ってのがあって、ひとりのお金持ちが出資してる。あれはあれでひとつの形として安定するんだけど、エコノミクスで言うと損なことは続けられないから、出資するお金持ちも「何かしらの形で利益をとらなきゃ」というモチベーションになっちゃうんだよね。

pha 僕がやってるこの「ギークハウス」も赤字だけど、続けていきたいな。

えらてん 私は、コミュニティとしてのシェアハウスに限界を感じて店に行った部分があるんですよね。その場にいるだけでお金が儲かっている「店」という場所だとコミュニティの幅が広がるかなと。シェアハウスは閉じて変な理屈に向かいがちなところがあって、カルト化しがちな側面があると思うんですよね。

pha 思想でまとまるよりお金でまとまるほうがスッキリするという感じかな。

えらてん 思想にまとまると結局人間にまとまることになるので、その人間がヤバいと集団ごとヤバくなるよね、みたいな感じがありますよね。

週5で会社に行けなくても、できることはたくさんある

pha 逆に僕は、店とかは絶対できないな。1時間同じ場所で店番するのもかなりつらい。でも、ずっと座ってるのが楽だという人も少なからずいるよね。

えらてん リサイクルショップをやっていたときに思ったのが、近所の暇な人のたまり場みたいになっていて、これに食事を提供できれば、一種のタウンが成立す

るんじゃないかなと。要するに、座ってられて、最低限にこやかに日本語が返せて、著しい不快感を与えないのであれば、その人には、十分価値があると思ったんですよね。

一見すると、そんなのできて当たり前じゃんと思うかもしれないんですけど、じつは当たり前じゃないんですよ。「誰かにとってのふつう」が「他の人にとってのふつう」ではないから。

店の形態が広がれば広がるほど、その人のできることや苦でないことで、価値になるところが最大公約数的に見つかっていくのかなと。働くというのは社会に価値を与えることで、その中でも自分が気楽にできることを見つけていきたいですよね。

だから「店」という形態がいいのかな、と。

pha 週5で会社に行けなくてもできることはいろいろあるからね。

えらてん phaさんたちのように特殊なケースだけじゃなくて、気持ちさえあれば、ミニマムに再現することは誰にでもできますからね。

pha　そういうリアルスペースをいっぱい作ってるのが、えらてんのしょぼい店だよね。

えらてん　リアルスペースじゃなくても、ライターの仕事がしたい人がいっぱいいたら、ひとつのキュレーションサイトを作って、そのサイトを価値化したらしょぼい事業になるわけで、外から1万円の仕事をとってくるっていうばかりが仕事じゃないですからね。

pha　「自分がやってて苦にならないこと」と、「そのことの社会的な価値」がいい意味で乖離《かいり》することがあって、その逆もある。楽なことでお金がもらえるなら確実にそれがいいですよね。

pha　僕もわりとそんな感じで生きてるな。いまは、たまたまそれがうまくいってる感じですね。

えらてん　逆に、もしphaさんが店をやるとしたら、どんな店がいいですか？

pha　ほったらかしで、ずっと僕がいなくてもよくて、人が勝手にフラッと来て、てきとうに時間つぶして帰っていくみたいな。僕はいてもいなくてもいい。

えらてん そういうの流行ってますよね。ボードゲームが置いてあるコワーキングスペースとか。「インフルエンサーマーケティング」って使い古された言い回しだけども、フォロワーがついてる人は、店を作ってそれを twitter で宣伝するという世界観じゃなくて、その twitter のスペース、コミュニティをリアルの場に表しちゃうイメージ。それなら家賃とか採算とかそういうものを度外視できる勢いでいけちゃう、みたいなことがあったりします。

pha 自宅でたまに一部分が店になる、みたいな、それくらいがいいな。そんな感じだったら、できなくもない気がするね。

えらてん たまに気が向いたときに行けばいいんですよ。そうすれば外に開かれるから。

pha 僕の界隈《かいわい》にはそういう店のノウハウを持ってる人がまったくいないんだけど。

えらてん ぜひぜひ私を使ってもらえれば（笑）。

縛られない生き方にとっての「変化」とは？

えらてん ツイッターで質問来てるんですが、「おふたりは、生活や仕事、社会情勢などの変化を望むか望まないか知りたいです」……ということですが、ｐｈａさんはどうですか？

ｐｈａ 僕は結構飽きっぽいので、望むほうではあります。同じのが続くと飽きるというのと、自分みたいなタイプの人間は、安定してるより不安定な状態のほうが生きられるみたいなのもありますね。安定してる社会だと、会社とか勤められる人のほうが強いけど。

えらてん なるほどね。私は結構現状に満足しているんで。家に帰って妻と子どもがいたりすると、「ああ、いいなあ」みたいな。なるべくつらいことをしないでも生きていけてて、なんかおいしいもの食べられてるので。できるだけ変化しないでほしいなって思うけど、結果として変化しちゃう、みたいな。変化し続けないとヤバい、みたいなとこはありますね。

pha それはあるかもしれないね。

えらてん 新しいことやってないと、発信者というか言論者はフォロー外されちゃうみたいなところもあるし。

pha 何より自分がまず飽きるんだよなあ。1年同じとこに住むと飽きる。

えらてん 私はそれ全然わかんなくて、定住派なんですよね。だから店に向いてるんだと思う。同じ場所に住み続けても全然飽きないというか、むしろ引っ越したくない。引っ越し大嫌い(笑)。ストレスがかかっちゃうんですよ、すごく。引っ越しがあると、前後1カ月それしか考えられなくなっちゃうから。phaさんはそういうめんどくささみたいなのはないんですか?

pha ワクワクしますね、むしろ。なんか何もないほうがつらくなってくる。家族がいるのもそうだと思うけど、固定した感じがすごく苦手。半年で飽きると思う。

えらてん　案外私のほうが保守的というか。案外でもないか（笑）。

pha　僕はどうせなら変化を最前列で見ていたいかな。

えらてん　私はどっちかというとコントロールして意識的に引き起こすって立場かな。こういう変化が必要だなって思って、そのとおりに動かしていく。たとえば店だったら、人が離れるとか、新しい人が来るとかいろいろあるけど、望ましい変化だったら推進して、まずい変化だったら、妨害してもしょうがないから、見せ方を変える。人が離れすぎているなと感じたら、人が入るような仕掛けを考えるとか、売り方を考えるとか。どっちかというと、自分が主体になってムーブを起こしていくイメージで。

pha　僕はそこに、誰か鉄砲玉を送り込んで見ていたい、みたいな感じかな。

えらてん　つまり、どっちかというとphaさんは、変化をおもしろいエンターテインメントとして捉えて見ていたいって立場で、私は、できるだけ現状維持をしたいので、観察して、そこに必要な変化を起こしたいっていう感じかな。そう思うと結構違いますね。

pha 僕はわりといつもだるくて退屈してるので、おもしろいことないかなーって。

えらてん なるほどねー。それ全然ないな。なんにもやることないって幸せなんですよ。「きょう、なんにもやることない、やったー」って。

pha 別に、やることあるよりはないほうがいいんだけど、それはそれで退屈。でも何もしたくねーなあって。だからおもしろいこと起きないかなって。

えらてん だから「見ていたい」んですね。なるほど。これはなかなかおもしろい答えになりましたね。できれば私は変わらないほうがいいと思っている。つまり日常が楽しいんで、日常を変化させないように動きたいんだけど、どうしてもしちゃう変化ってあるわけで、それをコントロールするっていうイメージがありますね。

多様性ゆえに起こること

えらてん　私もphaさんも形態は違えど、多様性のある人材の集合地を運営しているわけだけど、多様であるがゆえに引き起こされるトラブルとかには、どう対処してますか？

pha　僕の場合は、いっぱい集めればなんとかなるみたいなところがあるかな。少人数より大人数のほうが、一人ひとりの問題がごまかせるというか。自分で直接相手できなくても、他の人なら相手できるみたいなことはあるし。とりあえず集めてあいまいにする、みたいな感じでやってますね。

えらてん　phaさんがこのあいだ言っててえらいなーと思ったのは、シェアハウスでトラブルが起きたときに、phaさんが出て行くとあいまいに解決されて、なんとなく収まる、という。これはすごいトクだと思うんですよ。トクって、徳性が高いの徳。出たら余計揉める人のほうが多いから。

pha でも、汚れ役は他の人に押しつけてる感があるかもしれない。

えらてん それは大事なことだよ。象徴的ポジションなわけで。だって、住人に多様性があると、本当に意味わかんないトラブル起きません？

pha 起きるなあ。

えらてん 自分が理解できないことが起こるってことがまさに多様性なわけで。「こんなことが起こる？」みたいなことがバンバン起こる。

pha いろいろ起きるけど、すべてを捨象すると、気の合わない人間を集めるとケンカするってことなんですよ。

えらてん そう、だから、最終的には物理的に離すっていう。矯正しようとか教育しようってのはキツい。これ、誰も幸せにならないことが多いんですよね。大人になったら教育ってできないんで。

pha シェアハウスも、この人は相部屋だと揉めるけど、個室に隔離しておけば大丈夫とか、それでも無理だったら別の家に行ったら大丈夫とか。本当に物理的に解決することが多い気がしますね。

えらてん もめたら物理的に離す。これが得られた知見です。

「働きたくない」のか、「働くのに向いてない」のか

えらてん phaさんって学生のときからこんな感じだったんですか。

pha うーん、学生時代は、働きたくないなあって思ってたぐらいかな。

えらてん あー、そこもやっぱ違うんだね。私は向いてないなーって思ってた。別に働きたくないとかじゃなくて、働くのに向いてないって。

pha 僕も向いてないっていうのもあったけど。

えらてん 私の場合、できればバリバリ働きたいみたいな気持ちがあったんだけど、でもそれはできないって前提で動かなきゃいけない感じだったんで。なんなら商社マンとかになりたかったもんな。どっちかというと。

pha　それは全然ないな。もっと小さい子どものころ、夢とかはあった？

えらてん　警察官僚になりたいなとか思ってたな。

pha　権力に憧れがあった？

えらてん　権力っていうか、考えたことが思いどおりになると楽しそうだなって思ってましたけどね。別にいまは、肩書についてる権力なんかどうでもいいけど。会社辞めたらただの腐れジジイじゃないですか。いまは嫌いな人とはそもそも会わないし、嫌なことはやってないから、その意味では憧れてたものは達成されてるけどね。

pha　僕は権力欲は全然なかったな。むしろ昔からずっと社会人なんて無理だ、働きたくないとずっと思ってた。

「現世は遊び」だから、コケても大したことはない

えらてん 道徳倫理規範というか、嫌だ、不快だを超えてこういうのが望ましい、みたいなのはある？

pha 楽であること、みたいなのがいちばんに来ている気がするかな。

えらてん 自分だけが？

pha 自分も人も。できるだけ多くの人が。

えらてん みんなに負荷がない感じ。

pha そうそう。精神的にも肉体的にも無理せずにやっていける、みたいなことを価値観の中心に置いているかな。えらてんはどう？

えらてん 私は道徳倫理規範的価値観は非常に強いんですよね。
たとえば一神教って歴史が長いんで、新約聖書にしても旧約聖書にしても

コーランにしても、ダイバーシティに対する配慮とかが非常に多いというか、道徳規範としてよくできた体系だなって。人に会ったらあいさつしろとか、社会と自分がやっていくための最低限のことが基本的に書いてあるなあという気がしてて。歴史があるなって思うもんね。

でもいちばんは、「現世なんて遊び」、みたいな考えですかね。現世なんてちょっとした遊びなんだからコケても大したことないんですよ。コケてもコケなくてもいずれはどうせ死ぬわけで。ただ、遊びだからこそ、てきとうにやらずに全力でやんないとつまんないんですよね。どっちの選択肢を選んでもいずれ死ぬわけだから、選択肢を迷う意味はあんまりなくて、雑にやろうよ、みたいな。そのかわり全力で遊ぼう、という。そういう外部規範はありますよね。

pha それはいいですね。「現世は遊びだ」。僕もわりとそう思ってる。

えらてん phaさんが最近 twitter で「唯一、コンプレックスがあるとすれば不老不死じゃないこと」みたいなこと言ってて、おもしろいな〜と思ったんですけど。

pha　いまはそうでもないな。すごい昔な気がする。

えらてん　あの考え方、すごくいいなって思って。文脈としてはあれですよね。phaさんがニートとかで、「京大卒なのにコンプレックスとかないんですか」とか「人に何か言われたりしないんですか」とか「周りは働いてるけど」みたいな。それに対して、もう何言ってんだこの人はって感じで、「コンプレックスがあるとすれば不老不死じゃないことくらいだ」って言ってて。twitterとかでも「いつか死ぬのかー」ってつぶやいてて。その感覚私はすごいわかるんですよ。いまはどんな感じですか？　死生観的な。「自分が死んだあとも、phaのアカウントを誰かがそれっぽいこと言ってつぶやいてくれたら、twitter上ではphaは死なない」って言ってたけど。

pha　コンプレックス、なんだったかな……家入一真（現在、株式会社CAMPFIRE代表取締役の起業家）さんと話していたときだったかな。家入さん、わりとコンプレックスの話する人で、「人はみんなコンプレックスによって動いてて、それが大事だ」って。まあ本人がそうなんだろうけど、僕は全然それがピンとこないっていう話があった。死はね……いまはまあ、死ぬよね、って感じになってきてる。諦めてる感じ。ずっと生きてても飽きるよなって感じ。だんだん中年で身体が衰えるに伴ってまあ死ぬよなって感じが出てきてるかもしれないですね。

えらてん なるほど。たしかに老人ホームの老人なんか見てると、死を受容している感じがあるかも。もう待ってるだけみたいな。これから先の希望がなんとかあるって人は少なさそうというか。ちょっとした楽しいことはあっても、「ああ生きたなあ」みたいな。私も子どもできてから「生まれるから死ぬよなあ」みたいな感じの気持ちは出てきた。結構そういうのあるらしいですよ。人が死んだり生まれたりするの見ると、死への恐怖が少なくなっていくみたいな。

pha それはあるかも。そうやって死を受容していく。いま、いくつでしたっけ。

えらてん 私は27です。だから身体の衰え的なところはまだ。

pha　12くらい違うのか。

えらてん　ちょうど1周くらい違いますね。身体の衰え的なところはあんま感じてないんですけど、子どもも生まれて、肉体だけは維持しないと、健康に気を使わないと、みたいなことが生じてきて。いままで全然考えたことなかったんだけど。

pha　子どもを育て続けるのを考えると、肉体を維持しとかないとってこと？

えらてん　むしろ、できるだけ見てたいなーってことかな。私が死んでも子どもは勝手に育つんで、これを教えたいっていうのもそんなにないわけで。

pha　見てたいか……僕はそういうのないから、あんまりなんかそういうのしようってないなあ。死んだら仕方ないなあくらい。でも、子どもはおもしろいね。子ども好きだな。

えらてん　選択的シングルマザー（あえて結婚をせずに子どもを出産する人）の男性版みたいなのはあってもいいのかもしれないですね。

私の家族観は保守的だけど、ダイバーシティはいろいろあるから。なんにせよ生殖して子どもさえ生まれちゃえばなんとかなるっていう。実際、餓死する子どもってほぼいないわけじゃないですか。児童養護施設だって、「施設行ったらかわいそう」なんて言う人いるけど、ちゃんとしてるよ。だって国の機関だもんって感じ。個人の家庭よりよっぽどちゃんとしてるよ。

pha そんな感じなんだね。

えらてん 思ったのは、うちの妻が妊娠して、公立病院の集団病棟みたいなのにいたときに、すんげえずっと怒鳴ってるお母さんとかいるんですよ。お見舞いに来たおばあちゃんとかに「なんでこんなに遅いんだよー！」って。夜とかも消灯過ぎても、彼氏かな、ずっと電話してて「おらぁなんとか持ってこいや！」みたいな。そういうの見てると、うわぁって思う一方で、そういう状況でも子ども育つんだから、なんでもいいじゃないかって。児童養護施設だろうがなんだろうが、全然。

pha どんどん作ってしまえばいい。で、どんどん人口が増えていくのがいいのかもしれない。

えらてん　そっちのほうがいいんじゃないかなあって。

子どもはパチンコ台じゃない

pha　たぶん世間的には、親が我が子の幸せを願うがゆえなんだろうけど、お金とかもたくさんかけたりするし、そうしなきゃいけない、これ以上子どもを増やすとお金がもたない、とか。そういう感じでたぶん、少子化とかになっているのかなあと。

えらてん　キツいよね、それ。子どもも迷惑じゃん、そんなん。

pha　そうですね。これだけお金いるからって計算しすぎな感じはすごいしてる。成人するまで何千万円かかるとか。

えらてん　何千万円もかからないし。phaさんだって公立小中高で大学も国立で、塾とかも……。

pha そうだね、ちょっと行ったりはしたけど。

えらてん できるやつはできるし、できないやつはできないんだから。教育ママみたいなのって本当しんどいなって思うから。親が賢ければ、だいたい賢くなるだろうしさ。しょうがないよね、そんなの。

pha みんな子どもに期待しすぎるというか、自分の夢とかを詰め込みすぎるのはよくないと思いますけどね。別の人間だし。

えらてん とくにお金投入するとね。お金を入れて成果が出てこないっていうの、本当にパチンコ台だから。子どもパチンコ台にしちゃよくないよね。

pha 出ないとダーン！ って叩《たた》いたりして。「なんでできないの！ ダーン！」みたいな。

えらてん 本当にパチンコ台みたいなもんだから。自分の特性を受け継いだパチンコ台だから。できるだけ良くなってほしいって思ったら余計突っ込むでしょうね。

pha ガチャみたいなもんだからね。

えらてん ガチャだし、お金投入部分以外のところが結構大きいしね。文化の投入みたいなさ。塾にどれだけ投資するかより、親が日々、どれだけ知的な内容をしゃべってるかとかのほうが大きい。本当に同じ物事を見ても人によって見方が全然違うからさ。賢い、賢くない、あるいは、感性ある、ないとかっていうときに、やっぱり親の会話をいちばん聞いているわけで。そのときに「なんでお前当たらねえんだよ！」みたいなお母さんが育てたら、そりゃ影響されるよ。それでもその子が無事大きくなって、生殖して、後世につないでいくわけだから、ダイバーシティだよなって。もっと無責任にバカバカ作っちゃえよなって。もっと雑に作りなさい、という。

pha わりと僕もそっち派ですね。僕が親とわりと仲悪くて。親とは仲悪かったけど、自分は勝手に育ったので。子どもは勝手に育つもんだからいいやって思ってるのかもしれない。

最終的には家庭のネットワークを作りたい

えらてん 結構私の店の周り、若者が多くて、中高生とかも来ていて。それはやっぱり子どももいるのが大きいと思うんだな私に。広がりがあるというか。自分が年齢的にいちばん下になると結構入っていきにくいから、誰かひとり高校生とかが出入りしてると、友達連れて来たりするじゃないですか。

pha なるほど。

えらてん それでね、新井薬師にある「しょぼい喫茶店」の店員の女性（おりんさん。146ページ〜参照）が上京するために親御さんを説得するときに、私が子どもも抱いてる写真を見せたら、親御さんはすごい「いいね〜」みたいな。

pha 子どもがいると社会的に信用があるよね。人に通じやすい。

えらてん 最低限、子ども育てられるんだよ。安全だし、経済的にも、精神的にも。実際には経済的余裕ってそんなに必要ないんだけど、でも、いろんな意味合いでの余裕があって、子どもにも投入できてるんですよみたいな。家入さんとか落合陽一（メディアアーティスト。筑波大学学長補佐、准教授など）さんも子どもいるもんね。

pha えらてんの界隈は、積極的に結婚して子ども作っていこうみたいな流れがあるよね。

えらてん 全体的にありますね。いまは店ですけど、最終的には家庭の連合体みたいな、家庭のネットワークみたいにならないとしょうがないんだろうなって気はしてて。

pha いいと思うよ。託児所がわりにお互い面倒みたりして……。

えらてん 生産手段があったりして、みたいなね。で、シェアハウスじゃなくて近くの安いアパートみたいなところに、ババババッてみんなで住んでて、行き来し合うみたいな。広い家が1つあってシェアハウス的に住むのも、それはそれで拠点になっていくからいいと思うけど。

pha 昔の公務員住宅みたいな感じかな。

えらてん そんな感じかなあ。で、仲悪い人は、あいまいに会わなくていいわけで。近くに住んでても、仲悪い人たちは会わないっていう文化ができていくといいかな。

pha 地域でコミュニティ作るってあるよね。

えらてん 私は移動しなくても苦にならないというか、移動が苦になるって特性を生かして街づくりをしてるって感じで。子どもいると移動しづらいから。

pha 僕もそっちの近所に住んでたら、なんかちょっと参加してたりすると思うんだけど、遠いからめんどくさいだけで。

えらてん このギークハウスのあたりも、ひとつの地域は地域だよね。

pha この辺で作ろうと、家を何軒か増やしていきたいなあ、みたいな。誰か子ども作ったらいいんだけど。

100万円あったら何に使う？

えらてん twitterで、「100万円あって、使い切らなければならないとしたら、何しますか？」みたいな質問来てるけど、phaさんはお金あったら、何しますか？

pha あー、使い道ないんだよね。

えらてん 私もない（笑）。たぶん新しく店やりたいって人に50万円あげる。おもしろい使い方ではあるかな〜。どうしても使い切れって言われたらどうします？

pha うーん、旅行でもするかな、贅沢《ぜいたく》な。

えらてん どこにお金を使うんですか。

pha 1泊10万円くらいするとこに泊まってみるかな、泊まったことないけど。でもたぶん別に楽しくないんだろうなって。どうしよう、楽しくないんだったら意味ないな（笑）。

えらてん お金使うの結構ストレスみたいなとこあるね。

pha あー、やっぱり人にあげるのがおもしろいかな。

えらてん 私もたぶんそうするかな。必要だって言ってる人を見て、それっておもしろいなって思った人に対してあげるっていうのがいちばんいいかも。

pha あ、でも家借りるのはやりたいかもな。てきとうに家、ハコ……用途考えずにとりあえず借りて、人住まわせたり、あいまいなことをして……ハコがあればとりあえず始まるって気持ちはあるので。

えらてん ハコの維持大変じゃないですか。

pha 大変だけど、まあ１００万円で半年くらいはいける。ダメだったら半年でやめる、みたいな。そういうのは自分のお金だとある程度採算がないとやる気しないんだけど、人のお金だったら雑に家を、ハコを増やす。えらてんなら店を増やすとか？

えらてん 最近、家借りるにしても私がやる必要ないなって思い始めて。だから最近、

pha

私の周りにシェアハウスとかできてるんですけど、私全然タッチしてないんですよ。

つまり近くに来たやつがやりたいって言って、私がやれば？　って言って、彼が勝手にお金を用意して借りて、収益化して、みたいな。で、儲かったとか儲からないとかいう風に言ってて、私はそれを見てるだけ。お金も出さないしタッチもしない。見てるだけで場所がいっぱいできていく。地方にもお店ができているし、シェアハウスもいっぱいできてるし、それを見ていると私にお金ある必要ないっていうか、必要なら必要なところに移動させていくだけ。しかもそれって億の単位じゃないんですよ。数十万とか。それをお金がある社長とかに「よければ投げて」って言って、それで「了解」って金が投げられたら場所ができる、みたいな。

お金がある人引っ張ってくりゃいいやみたいなことはあるしね。なんか出してくれる人とか、金の使い道がない人っていっぱいいるから。そういう人を引っ張り出しましょう。

お金儲けは「ハイスコア」でしかない

pha　まあ、僕はあんまり数字とか考えるの向いてないっていうか、考えるのが嫌いで（笑）。えらてんは、ビジネスとかそういうの考えるの好きだと思うんだけど。そこは大きく違うところだね。

えらてん　うん、私は数字とか考えるの好きなんだよね。

pha　僕は数字とか考えるの苦手。そういうのは、えらてんに考えてほしいと思う。

えらてん　そういう適性が限られるんだっていうのも最近気付いたから。やっぱ人にはいろんな向き不向きがあるなって。誰でもできるじゃん経営なんて、って思ってたけど、ある種複雑な能力が必要で。数字の計算も、あるいは、phaさん的なコミュニティの鎮圧能力みたいなものも求められるから、結構複合的な要素が必要になってくるなって。

pha　数字考えるの好きか嫌いかっていうのも性分みたいな感じがするし、向き不向きだなぁ、というか。僕もがんばればできなくないと思うんだけど、やる気がしないなって。

えらてん　なるほどね。やっぱ得意不得意より好き嫌いが大きいと思う。得意なことも嫌いだったらやっぱしんどいから。好きで得意がいちばんいいんだけど。好きなことだったら、いくら時給が安くても、３００円でもやれるじゃないですか。この本でも書いているやりがい搾取論だね。

pha　えらてんの話聞いていて思ったのは、結局僕は、お金を稼ぎたいとかは全然なくて、コミュニティを広げたいっていう。広げて別に何かを目指してるわけじゃないんだけど、それくらいしかやることないなって。

えらてん　私は、暇だから通帳の数字増やすかっていうのはあるけど。

pha　数字を増やすのが目的というわけではないよね。

えらてん　そうです。別に増やすのが目的でやってるわけじゃないんですよ。自分の思いどおりいって、お金が儲かったってことがうれしいんです。１日で10万円の利益が出たときは「よっしゃ!」って思いますよ。でもその10万という数字は意味を持たないというか。ハイスコアですよ。ほぼほぼそんな感じ。お金は必要になったら誰かが出してくれる、みたいな。自分が使う実感としてはないわけですよ、固定費増やしたくないからさ。

いい家に越そうと思うこともあんまないし、たとえば日々の食事にメロンが出てきたとしたら、超豪華になった感じするんだけど、1人分500円とかじゃん、メロンなんて。じゃあ別に通帳の数字増やすことくらいしかやることないよねって。

すべての事業を自分だけでやるっていうのも、あまりよくないから、できるんだけどやってない事業とか、他の人がやったほうがいいってとこもあるから。

それは全然矛盾してなくて。エコノミクスが成り立つことは、すごくうれしいしそこには興味があるんだけど、その金額自体はどうでもいいというか。

まさにハイスコア。

結果的に儲かってやったーってなったあとに、そのお金をどうするかって全然興味ない。別に車も興味なければ家も興味ないわけで、って感じかな。儲かったらすごいおもしろいよ、やったー！　って思うのと、儲けたから何？っていうのは全然矛盾しないと思う。

pha　僕もそういうの、まったくなくもないんだけど、すぐ飽きるから、商売ってある程度継続性がないとやれないと思う。店とかも、数年くらいやること考えないといけない。半年で飽きてやめるっていうのを繰り返すのは……。

えらてん　それだと、経済的にも成立しにくいですよね。だからphaさんには、うちのバーで1日だけバーテンしてくれって言ってるんだけど。そしたら飽きてもいいわけだから。phaさんが端っこでだるいって言ってくれれば、お金になります（笑）。

pha　いま、文章を書いたりしてお金を稼いでいるけど、それも書くのが楽しそうなやつだとその依頼受けるけど、楽しくなさそうだと受けないし。あんまりいくらになるかって考えずにやってる気がする。それ自体が楽しいかどうかで決めてるかな。お金のためにやってるんじゃないって言うと言いすぎな気もするけど、お金とかつまんないこと考えずに、楽しいことだけやっていたい。だから最近やる気ないです。まだ「お金ほしい」のほうがやる気が続くというか。「お金ほしい」が動機じゃないと、自分の興味がなくなると途端にやる気が失せてしまう。

えらてん　phaさんは、おもしろさとお金があると、なんかこうモチベーションがわりとあがってくるんだけど、でもそれはそれで長続きしないから、文章の仕事みたいな単発で来るものがある程度いくつかいい具合のペースで来ると、いちばんストレス感じないって感じですかね。

pha　まあそうですね。おもしろいことね……。

えらてん　なんにせよ、お金に執着せずに、なるべく苦にならない方法で生きていきたいですね。

（2018年6月　ギークハウスにて）

借金玉 × えらてん

草むしりから始める「しょぼい起業」

借金玉：1985年生まれ。ADHD(注意欠陥多動性障害)の発達障害者。幼少期から社会適応がまったくできず、登校拒否落第寸前などを繰り返しつつギリギリ高校までは卒業。いろいろありながらも早稲田大学を卒業したあと、何かの間違いでとてもきちんとした金融機関に就職。まったく仕事ができず逃走のあと、一発逆転を狙って起業。一時は調子に乗るも昇った角度で落ちる大失敗。その後は1年かけて「うつの底」から這い出し、現在は営業マンとして働く。近著『発達障害の僕が「食える人」に変わったすごい仕事術』(KADOKAWA)で注目を集める。twitterアカウントは@syakkin_dama。

「しょぼい起業」とは逆の「ちゃんとした起業」で大失敗

えらてん 借金玉は、最近『発達障害の僕が「食える人」に変わったすごい仕事術』が大ヒットして注目されてるけど、もともと一度きちんとした金融機関に就職したあと、〝仕事がまったくできなくて起業した〟んだよね。私はそもそも就活すらしてないけど、どっちも〝ふつうに働くのが無理で起業した〟ってとこは共通してる。

借金玉 そうだね。起業といっても僕の場合はえらてんの「しょぼい起業」とは真逆で、ハンパに資金を集める才覚があったから、かなりの出資が集まっちゃったんだよね。飲食店だったんだけどさ、資金が潤沢にあったせいで、あまり工夫もしないで、自分の理想に近い店ができちゃった。
アイデアがあったり売れる店だったりっていうのは、最初から完璧なわけじゃなくて、のちのち足りない部分が出てきて、それを足していくものだから、僕の場合、最初から充足した店を作っちゃったのが、いま振り返ると失敗の原因だな、と。

えらてん 資金もあって、計画もあって、準備もできてて。「しょぼい起業」とは真逆の、ちゃんとした起業だったわけだ。

借金玉 だから転んだときも痛かったよ。いまの自分だったら、本気出せば当時の半分の金額でお店出せると思う。もちろん知識や技術がついたっていう部分はあるんだけど。
だからこそ思うのは、最初の起業は低コストの「しょぼい起業」でやるべきだね。

えらてん 本当にそうだね。一度起業すると、失敗の仕方もわかるし、日々お金が削られていくみたいな切羽詰まった事情もわかるし。

えらいてんちょうのバーの年利は1万%

借金玉　えらてんの何がすごいって、すでに存在していて、えらてんに向いている事業をミニマムに再構成して、ネットに各種転がっている情報を集めて、これ以上切れないってくらいの小ささにして、クルンクルン回すとお金が入ってくるところだと思う（笑）。ミニマムの強さ！

さっきも言ったように、僕の場合は、お金を膨らます、その規模に意識をとられたのが失敗の一因だったと思うの。だから、「しょぼい起業」のほうが正解だよ。

結局大事なのは利益率だからね。1が死んだらしょせん1だけだけど、100が死んだら100なんだよね。だったら、1を10ぶっ込めばいいのよ。

僕は最初から100をぶっ込んで死んだので涙目だったんですけど……。

えらてん 1が死んだら、しょせん1だけで済むし、しかも、1がうまく化ければ、100になる可能性は全然あるんだよね。私もバーを始めたときは、流行るなんて全然思ってなかった。

いま、不動産を借りて昼間貸し出して、みたいな投資が流行ってるみたいなんだけど、年利50%とかなんだよね。パッと見はすごいと思うんだけど、うちのバーの利益って1万何%って世界になるんだよね。そもそもの投資金額が少なすぎて。

借金玉 えらてんのバーの、あの立地で、あの家賃で、あんだけ稼いでたら日本ランカーだと思う。アレに勝てるとなると、フレンチの本場で修業して6席だけでオープンしましたって店だけだと思う。

えらてん 投資額が少ないから、もしこれがダメになったとしても、別に大したことにはならないんだよね。

借金玉 起業する人って僕も含めてとにかく膨らませる方向に行きがちなんだけ

ど、儲からないものを膨らませてもリスクと手間しか生まないんですよ。1000人くらい雇ってる年商100億の企業の利益が1億、とかあるけど、地獄だなって思って見てます。それよりは一人ひとりはフレキシブルに動いて、しかるべきときに集合して動くほうが利益率高いよねって感じ。

えらてん 最近の若手起業家とかだと、上場をゴールにしない人も多いしね。上場なんてつらいだけってよく言ってる。

借金玉 えらてん上場とか興味ないもんね。

えらてん まったく興味ない。なんでこんな儲かることで他人を儲けさせないといけないのみたいなところもあるし、社会にくれてやるくらいなら売るかなあ。DMMとか、将来性ある企業を買ってるところとかはいい流れだと思う。

借金玉 DMMなんて上場してないよね。上場してないのは強いと思うよ、自分でねじれるから。これはやっぱり「しょぼい起業」もそうなんだけど、自分でハンドル切れるのは強いと思う。

「出資される人」の共通点とは

えらてん 「しょぼい起業」は初期投資はほとんど必要ないとはいえ、それもない人は出資を受けようって話をこの本にも書いたんだけど、借金玉は、「しょぼい起業」じゃなくて、デカい起業だったから、デカい出資を受けたんだよね。

借金玉 額は大きかったけど、「しょぼい起業」でも同じなのは、出資者から信頼を得なきゃいけないって点。

第一には「こいつは金持って逃げない」って思ってもらうこと。逃げられても基本的に民事だから警察の介入は見込めないし、お金をあいまいに消されたらもう追いかけるのは無理。会社の社長が資金を隠そうと思えば、方法は無限にあるから。領収書４０００万円ぶん用意してー、みたいなね。これをやらない、っていう信頼を得られることが第一条件。このハードルをどう超えるかですよ、だって起業家になった瞬間、自分の会社以外ほぼすべてを失うわけだから。

えらてん 会社勤めですらなくなっちゃうからね。会社員がお金借りやすいのはさ、こいつが飛んだら会社に言えばいいっていうのがあるから。家だって借りやすいのは当たり前で、そういう間接強制があるからね。

借金玉 持ち家や家庭がある人もそうで、逃げられないってのがあるから。若くして起業家になるということは、それらの人間の信頼を構成する外形を全部失うわけで。与信となるものが何もない。

えらてん そういう点では twitter っていいんだよね。同級生とかとつながってたりしたらさ、かなりの人間関係を飛ばさないとお金を持って逃げられない。

借金玉 僕は借金玉（名義での活動や人間関係）を飛ばすとほぼ食えなくなるので、絶対に飛べない。しかも追われるおそれすらある。でも twitter で有名になるっていうのは、出資を受けるためのかなりの近道かもしれない。

えらてん 結局何を信用というか実績にするかみたいな話でさ。うちのバーでは投資家と起業家のマッチングバーというのをやっていて、名古屋の店では１００万円くらいの出資があったみたいで。70万円くらい出資をしてもらった若者は、１０００人くらいフォロワーいるし。フォロワー数しかり、長い時間をかけて培われてきたものっていうのは……。

借金玉 家庭や家と同じなわけですよ。

えらてん そう。部活やってた、少なくとも何年間は続いてた、みたいなのと基本的に同じだから。大学卒業とかもそうだね。受験勉強をある程度続けられたり、お金を投入して４年間飛ばずに卒業した、という信用はある。

借金玉 そうだね、それもない人はもう狂気で勝負するしかないね。

えらてん そう思うね。

「こいつは金じゃない」と思わせる

借金玉　他に重要なのは「こいつは金じゃない」って思わせることかな。1億円はパクるかもしれないけど、目の前の10万円はパクらないっていう信用ってあるじゃん。この1億円が10億円になると信用が高くなってくるわけだよ。

えらてん　私は10億ではやらないね。

借金玉　たとえば出資者と社長の関係って、綺麗事《きれいごと》だけじゃなくていろんな部分があって、こいつと俺の信頼関係は揺るがないし、一緒に泥水を飲めるし、200万円入った財布を置いておけるっていう信頼があるかどうかだと思うんだよ。それがあるなら出資ができると思う。どんな起業プランを作るかっていうのはまた全然別の問題で。たまにさ、いいプラン持ってくれれば出資してくれると思ってる人がいるんだけど、完全な間違いで。

えらてん 全然違うね。

借金玉 むしろ必要なのは「こいつは100万円なら盗まない」って思ってもらえること。この盗まない金額が出資してもらえる上限だよね。

えらてん たしかにそうだ。

借金玉 えらてんの場合もそうだよね。俺、えらてんに1億円預けられるね。

えらてん 借金玉にも1億円は預けられるんじゃないかなあ。そもそも、それくらい稼げるもんね。

借金玉 そこで飛んだら死ぬからね。

えらてん 飛ぶとしたら家族とかも捨てなきゃいけないわけだからね、たかだか億で。家族がいれば、妻子ごと追われるわけだからね。

借金玉 要するに、何も持ってない起業家はデカい出資を受けづらいから、だから会社辞めるなって話なんだよね。逆に言うと、会社にいる間に出資者は見つけろ。いいから100人会ってこいってよく言ってるんだけどね。そしたら「会社にいると仕事が忙しい」だのなんだの。やかましいって。

草むしりで信頼を獲得

えらてん じつは、私も出資とか資金提供とか受けたことあるんだけどね。学生団体をやってると、寄付金みたいなのが集まるんだけど、その会計報告なんかを私が細々とブログとかでやってたの。誰もそんなもの見てないけど、お金集まったからやってこーって感じで。そしたら、意外と見てる人は見てるんだね。寄付金増えたからね。あとは、人の家泊まったときに部屋をキレイにしとくとかもあるとは思う。

借金玉 昔さ、僕の管理物件の草むしりやってくれてた不動産関係の人がいたんだけど、その人いまではすごい大きくなってるんだよね。ほんと小さな仕事も損しながらでも拾ってやってくれてた。

えらてん 草むしり一発やってくれると、もうその動きだけで信頼されるからね。

借金玉　本当にそれは重要で、そりゃ実績はないよりはあったほうがいいよ、あるもの全部使うのは当然なんだけど、実績がなくても信頼は獲得しなきゃいけないわけで。

えらてん　そうなんだよね、人に仕事お願いするときとかにもつながると思うよ。twitter経由だったらフォロワー数とか、自己紹介があるか、どんなツイートしてるかとか見るもん。twitterで講演会やってくださいって言われて飛ばれたら怒るよ。結局信用だよ、全部そこに密接につながる。

借金玉　しょぼくても、そうでなくても、起業家に必要なのは、やっぱり無から信用を作り出す技術だよね。

えらてん　そうだ！　本当にそうだ。

借金玉　口八丁手八丁、あとは自分の体張るとかね。僕は最初、出資者の債権回収の手伝いをゴリゴリやって、狂った回収率を出すとかしてたし。いろんな手段があり得るとは思うけど、素晴らしい起業プラン自体にお金を出す投資家はあまりいないと思う。アイデアに出す人はねえ……たとえば、プログラムを

1週間で書いて、実装できる人には出すかもしれない。でも、ただお金を出してー、お店を出してー、っていうアイデアには出さない。

えらてん　そうなんだよね。素晴らしい人がやるなら、訳わかんなくても出すよ。この人なら大丈夫だっていう。うちのバーの支店やりたいって言う人がよく来るけど、この人にはちょっとなあ、って人はやっぱり断るよね。断られるっていうのはそれなりに理由があるわけで、それは真摯に受け止めたほうがいいよね。

借金玉　若い子は斬新な起業のアイデアとかイノベーションとかを起こそうとするんだけどさ。

えらてん　草むしりだよね（笑）。

借金玉　基本は草むしり。俺も出資者の草むしりからだもん。

「あいまいに人を巻き込む」重要性

借金玉　「人を雇用しない」っていうのも、「しょぼい起業」の大事なテーマだよね。

えらてん　そうだね。するなら、外注。

借金玉　えらてんのバーって、バーテンを雇っているわけじゃなくて、毎日日替わりでバーテンさんが企画したイベントをしているわけだけど、仕組みとして文脈がどんどんついてくる。

ある程度、有名な人がバーテンすれば、○○さんがやった店、ってなって、どんどん広がるから。

えらてん　それはあるね。企画やめちゃう人も山ほどいるけど、2日に1回くらい新しい人がやりたいですって連絡してくるの。会ってみてダメそうだったら断ったりもしてるんだけどね。

借金玉　そういうのを考えると、あれだよね、えらてんのバーは、飲食店っていうかむしろ「伝説のライブハウス」なんだよね。

えらてん　あー、そうかもしれない。

借金玉　あれはね、ライブハウスのシステムなんだよ。ライブハウスのお客さんはね、じつはバーテンやる人。そこにさらに固有のお客さんがくっついてくる。バーテンやりたいって企画を売り込んでくる人たちは、えらてんのバーで何かしらおもしろいことをすれば、名が売れるかもしれないという野心がある。それはすごくいいことだと思う。

えらてん　こちらもそれで利益を出してくれたら、お互いW-N-W-Nだしね。

借金玉　こういう、雇用したわけではない人たちが、なんとなく集まってきて利益を生み出してくシステムが形になったのは、えらてんのおかげだよね。僕が起業したときは、あいまいに人を巻き込むみたいなのを嫌悪したんだよね。

えらてん　ちゃんと雇用してない人をタダでこき使うのが悪いみたいな？

借金玉　僕は平等思考が強くて、会社の利益はみんなで頭割りしなきゃいけないって思ってたの。このあいだね、チョコが４粒あるときに、ある人に２粒渡したの。そしたら「借金玉さんはチョコが４粒余ってたら、絶対に２粒渡さないと気持ち悪い人ですよね。でも違うんですよ。１粒もらったほうがうれしい人もいっぱいいるんですよ。平等に分け合うって観念、じつは人間そんなに喜ばないですよ」って言われて、ものすごくハッとなったんだけど。ちゃんと人を回していこうと思ったら、みんなで分かち合う共産主義的な考えはいったん捨てないといけないんだなぁって思ったね。

えらてん　捨てないといけないね。決められたお金がただ入ってくるのって、ベルトコンベアみたいなものだから。

借金玉　人間って、ただ自動的に給料が支給されても全然うれしくならないんだよね。

えらてん　たとえばなんだけど、いま手伝いに来てくれている私のアシスタントとか、きょうに関してはまったくの無給で来てもらってるんだよね。もちろん強制ではなくて、ライティングが得意で、今後こういう仕事を少しずつやっていきたいという希望もあるし、お互いの信頼関係もあるから来てくれてるわけだけど、もしこれ自分が逆の立場だったとしたら、無給で来てはいるけれど、そんな中、お疲れ～って缶コーヒーとか渡されたら、すごくうれしいと思うんだよね。お金がないから仕方なく、やりたくもない仕事を1時間やって1000円もらうよりも、好きなことをして缶コーヒーもらったほうが、はるかにうれしいと思う。もちろん、プロをタダでこき使いたいとかそういう話ではないですよ。

借金玉 左翼に言わせれば騙《だま》してる、搾取だーみたいな話になっちゃうかもしれないんだけど、でもたぶん、こういうやり方のほうが人間の本能的な感情にリーチすると思う。

えらてんのアシスタントさんがきょう無給で来てくれているのも、SNSの活動も含めて、えらてんのこれまでの実績というか、その積み上げがあるからだよね。そこらへんのただの人がアシスタントさんに、あした無給で手伝ってくださいよ、と頼んでも来てくれないわけで。つまり、そういう求心力というか、チョコ1粒でも自分と一緒に何かやることに意味があると思われる存在になっていくのは、あいまいに人を巻き込んでいく「しょぼい起業」において重要なことだよね。

えらてん　そうだね。「いい新卒来ない」みたいなことを言う企業いっぱいあるけど、うちの界隈には優秀な新卒みたいな人がいっぱい来てるよ。別に雇ってるわけじゃないけど、近くにいて仕事を回せる人がいっぱいいる。

借金玉　企業に勤められなかったけど、優秀な人、たくさんいるよね。とくに東京は。僕が起業したときよりも、相対的に多くなってると思う。

えらてん　求人サイトに載せて募集したことなんてないし、人も雇ってないけど、なんとなく楽しそうっていうか、なんとなく開かれてるだけで、なんとなく人が来るんですよ。私のバーなんて、まだ開店2年目ですけど、延べ1万5000人くらいは来てると思う。かなりの量ですよ。

「雇用システム」自体が間違っている

借金玉 僕も、もう儲けるために雇用することは生涯ないと思う。そもそも雇用というシステムそのものが間違ってると思う。

えらてん 私もそう思う。

借金玉 ブラック企業が存在してしまう理由は、雇用というシステムにあると思います。出社すれば給料が出るっていう状態に人間を置いておくと、ブラック企業が人間を吸い込む形になる。

えらてん やっぱりねー、定額働かせ放題プランって言うけど、時給を払っちゃうと、その時間ぶんできるだけ働かせようと思っちゃうんだよね、起業家としての立場上。生産性向上だとか働き方改革だとかってそういうことだから。お金払ったらＭＡＸの出力を出させなきゃいけないわけだから。時給だったら時間いっぱい、日給だったら一日まるまる、月給だったらひと月まるまるまるだよね。そりゃ、生産性を突き詰めれば、より働いてくれってなるよ。

借金玉 だから、時間を支配することに対して給料を払うのは僕は嫌なんだよね。でも、いろんな要因があると思うけど、どうしても雇用というシステムを必要としている人たちはいると思う。そういう人たちを雇用するために起業したい、というのはひとつ考えていて。いまちょっと下準備中なんだけど、これに関しては雇用するかも。雇用しないと死んでしまう、という人もいるので。

えらてん あとは、雇用は責任が大きすぎると思う。

借金玉 大きすぎるね。

えらてん いまはさ、労働基準法は使用者のほうが強いからとか言ってるけど、あれは大間違い。マルクス経済学的な視点で見れば、資本家と労働者の対立はあるけど、使用者と労働者はどっちもプロレタリアート（賃金労働者階級）なんだよね。いまの日本に定義上のブルジョワジー（資本家階級）なんてほとんどいない。

借金玉　社長と資本家の区別や、経営者と資本家の区別がついてない場合が多すぎる。

えらてん　そこをちゃんと区別しないと。

借金玉　そう、経営者が資本家だと完全に思われてるんだけど、全然違う。僕は雇われ社長だったんだけど、あれは労働者からつき上がってくるものと、出資者から降ってくるものとで、戦争が起きないようにするために真ん中に置いとくサンドバッグなんです。

えらてん　いまは資本家というか株主は分散されてるから見えにくくなってるだけで、使用者と労働者の対立ではないんだよね。いま上場システムで分散しちゃってるし、本当の資本家っていうのは少ないと思う。

借金玉　オーナー企業でモリモリに成功した人だけだよね。ハイパーハイリスクをとってはいるけど。労働者のいちばん恐ろしい、強い点は「あした会社に来なくていい」ことだよね。

えらてん　そうだねー。なんなら休んでる人にお金払わなきゃいけないわけだしね。お金出して休ませなければいけないわけだし……。

借金玉 ただ、ものすごく重要なのは、その契約をしたのであれば、労働者はその権利をすべてとるべきなんですよ。これは労働者批判をしたいんじゃなくて、システムが悪いんだから、その契約のもとに認められた権利は有給だろうが労災だろうがすべてとらないと。そうじゃなければ、給料を自主的に返上してるのと同じですよ。

えらてん それを知っていれば知っているほど、雇いますか？　って言われると厳しいよね。だってその責任を履行できないから。

報酬は時間ではなくて、成果に対して払うべき

借金玉 僕が起業したときに、本当に後悔してる点は、会社ってものを内面化してたってこと。会社っていう前時代的なシステムを僕はすごく内面化してて、そこに平等思考が乗っかったから、そりゃ失敗するよなって感じ。たぶんだ

三省堂書店
池袋本店
豊島区南池袋1-28-1西武池袋本店
別館地下1階・書籍館地下1階～4階
TEL 03(6864)8900

★　スマホがあればご来店前に　★
★　本の在庫を検索できます♪　★
★　クラブ三省堂アプリ（無料）★
★　AppStore、GooglePlayから　★
★　今すぐダウンロード！　★

2020年12月22日(火) 16:03　　5283-002261

4781617336-C30-1300
人文社会　¥1,430　1　¥1,430

小計　¥1,430

合計　1点　¥1,430

預り　¥1,500
釣銭　¥70

消費税　¥130
税抜金額　¥1,300
(10%対象　¥1,430　消費税　¥130)

注）＊印は軽減税率(8%)適用商品
担当者:1001014648

けど、これからの起業では雇用って概念は減っていくと思う。

えらてん　減ると思う。下の世代とか見てると全然違う。要するに、何かのために一発集まって、獲得したものを配分して、離れてって感じですね。お金に対する意識も低くなっている。

借金玉　離合集散の社会になっていってほしいなって思ってる。「じゃあ、あのデカいナウマンゾウを仕留めるから槍《やり》持って20人集合！」みたいな。

えらてん　まあ、雇用するお金も含めて、しょぼい起業においては、あらゆる固定費は削っていきましょう、という考えだね。だから、プロジェクトごとに集まって、それに対して、報酬を払うというのは、すごく合理的。

借金玉　報酬は、時間とかじゃなくて、成果に対して払うようにしていきたいね。

えらてん　そういう意味で、雇用ってシステムが残るのは、保守管理のような、この時間に一定の人が〝存在〟しなければいけない機械みたいな仕事だけかなって思う。

借金玉　大企業みたいなところは雇用も残るんだろうけど、小さい企業はどんどん分散していくと思う。まあ、ひとつ言えるのは、ふつうに人を雇用してる企業のいいところって、人を育てることができる点だよね。

えらてん そうだね。さっきの話みたいに、会社って、何も成果をあげてない人にも報酬を払って、成果あげてる人は損する。このシステムであれば、余剰で人を育てることができる。

借金玉 そう。別に特化した能力がない人でも、会社に余剰があれば、たとえば事務をできるようにしたり、エクセルでパパパッて帳簿を作れるようにしたり、ゼロからそういうことを教育できる。そういう点はあるよね。僕、誰かが毎月請求書作ってくれるなら月3万円くらい払いますよ。そういう能力を育む場として、会社は便利だなって思う。

「人柄がいい」だけでも武器になる

えらてん 私も、もともと全部ひとりで完結させる気は全然なくて。そうやってある程度大企業とかで働いてた人たちが、もう組織にいるのがダメだーってなったときに、会社でやってきたことを生かして一緒に何かやったり、あるいは仕事を頼んだり……というケースは、全然ある。

借金玉 たとえばそういう人が周りにいれば、そんな経験が何もない人たちも、彼らを見て能力を身につけたりできるしね。

えらてん そうそう、自分がこの部分鍛えられてないなって思うんだったら鍛えればいいんだよね。あるいは、一芸あれば生きていける世界観だし。

借金玉 そうそう、欠損というか自分に足りてない部分は他の人で補填《ほてん》できるから。

えらてん 一芸さえできれば、その能力を提供することで自分に欠損している部分をお

借金玉　互い提供し合って補い合えるわけだしね。フリーランスと「しょぼい起業」って非常にあいまいだけど、「しょぼい起業」でもフリーランスでも、やりたいのであれば一芸は持っていたほうがいい。ただそれが「朝起きられる」とかでもいいんだよね。会社辞めて〝無〟になってから3年ぐらい経つと、まっさらな〝無〟になってるので、まっさらな〝無〟から始めるとちょっとキツい部分はあるかも。

えらてん　人柄がいい、とかでもいいんだよね。その人がいると場が明るくなるとか。自分には何もないよ、〝無〟だよっていう人はそういうところから目指していったらいいのかなと。

転ぶことが前提

借金玉　えらてんの強みのひとつって、とりあえず「やる」ってところだよね。

Ｄ○するかしないかってとても重要で、やらない人は永久に〝無〟なので。もちろん、寄りかからないで自分でできるよって状態で起業するのがベストではあるけど、ただ、そういう人柄だったり、いろんな一芸だったりを身につけるために起業するのもアリ。まあ、やってみるってのもアリだと思う。

えらてん 全然アリだね。起業そのものが訓練になるから。全然客が来ないときとか、「こんな来ないもの？」っていうくらい来ないから。日常茶飯事だよ。逆に「こんな事業儲かる？」っていうのが儲かるのも日常茶飯事。

借金玉 あとすごい重要なのは、転んでも死なないことだよね。

えらてん 転ぶことが前提だね。自分のブログでもこの本でも店に住んじゃえって書いてますけど、これはもう失敗するのが前提で、「どうせお客来ないんだからそれでいいじゃん」っていう考え。売り上げ０円でも家だし、家はふつう一銭も稼がないから。

借金玉 まあ重要なのは、いま〝無〟であっても、学びながらやるのがいちばん手っ取り早いよってことですかね。もう何もないんだったら、まずやってみてって感じです。
根性出せば誰でも100万円くらいは手に入りますよ。100万円あればもしかしたらできることもあるし、高確率でドブに捨てることにはなるけど100万円以上の知見は手に入る。
それを、少なくとも死なないように、食われないようにやったらいいと思う。えらてんもいっぱい失敗してるし、僕も裏ではとんでもない失敗をしてるので、転んでも死なないってことが大切。僕が6000万円払って手に入れたものを、えらてんは数百万円で手に入れてるわけだし。いちばんの起業の極意は死なないことだと思う。

えらてん そうですね。本当に、死なない起業が大事。

借金玉 そういう意味で、ミニマムに、最低限の投資で、最大限の利益率を狙うっていう考えはすごく大事だってことだよね。僕みたいになると、うっかり大金を集められて、うっかりデカい商売を始めてしまって。僕はね、人に天からお金が降ってくるかのようなお話をするのが結構得意なんです。しかし、天からお金は降ってこないんです（笑）。

えらてん　（笑）。本当にそうだね。

借金玉　１００万円用立てて何かを仕掛けてみる。ちゃんと開業届も出して、お客さん相手に何かやって請求書を切ってみて、1年間必死で駆けずり回ってみる。

えらてん　それは私もそう思いますね。そのあとはつぶしちゃってもいい。

借金玉　できればなるべく上手につぶせよ、っていうのはありますけど。これで1年間やれれば生きていけるようにはなる。

えらてん　アルバイトしながらでもいいかもしれないね。

借金玉　そうだね、アルバイトしながら起業したほうがいいと思う。まず〝無〟になるのはなるべくやめて、現状が〝無〟だったら、できるだけ〝有〟に変えて。起業って名乗るなら、いま現在持っているものでなんとか戦うしかないかなって感じです。あとは、えらてんがさっき「転ぶ前提」って言っていたように、別に「しょぼい起業」って必ず成功するわけではなくて、なんとかやっていく手段にすぎないってところは、強調しておきたいね。たとえば会社がつらくて、デカい資格とかも持ってなくて、お金もなくて、ってなると、消去法でフリーターをやるか、「しょぼい起業」をするか、フリーターをやりながら「しょぼい起業」をするかしかないし。

えらてん そうだね。私だってそんな感じのスタートです。会社勤め絶対無理っていうのがあったからこそ、この道なわけで。いま思えばどうにか勤められる会社もあったんだろうけどね。当時は会社無理としか思えなかったんだよね。だから、会社無理って思う人は何に対して無理って思うのかを分析するといいと思う。その会社が無理なのか、社会が無理なのかとかね。いろんな社会があるから。

借金玉 これまでは無理でも、1回本気でやって、その売り上げで強力にぶん殴るとおとなしくなる会社とかもあるんですよ。不思議なもので、世の中にはブラック企業のほうが向いてる人って結構いる。僕がそうなんだけど。ホワイト企業で、でも管理されて小分けにされた仕事をチマチマやるより、何やってもいいから売り上げ立ててこいって言われたほうが確実に楽しいって人、絶対いる。

えらてん いろんな社会の階層があるからね。一言で「会社が合わない」って言っても、その中には朝起きられないとか、電車が無理とか本当にいろいろある。起業ってやっぱり大変は大変なんだよ。私は無理な理由が複合的になりすぎて、結果的に起業するしかないなって思ったんだけど。

借金玉 僕もそうなんだけど、やっぱり自分を分析する時間っていうのは必要だなと思います。就職活動でも出資してもらうのでも同じだからね。自分の中の何を金に換えられるかって話だから。

えらてん 「しょぼい起業」という手法に関しては、まだそんなに明文化されてなくて、えらてんとあとは少し僕、という感じ。これから始める人は、私たちのことをいろいろ外から見つつ、盗んでいってほしい。

やってみて、結果的に失敗したところで、自分の責任でやったことだからって割り切りやすいし、次に行きやすいですからね。

小さいところから、やっていきましょう

借金玉　「しょぼい起業」は転ぶ前提っていうのはあるけど、起業っていうのは、誰かの力を借りたとしても自分でやることなんだよね。でも、起業することと雇われることとの区別がついてない人はいて。たとえば実際転んだときに、「○○さんがこう言ったから起業したのに失敗した！　どうしてくれるんだ！」みたいになっちゃダメだね。

えらてん　ときどき「起業するにはどうしたらいいですか？」って聞かれることがあるんですけど、「知らねぇよ!!」みたいな。

借金玉　「事業主の開業届出してきたら？」って感じだね。

えらてん　「フリーランスになるにはどうしたらいいですか？」とかさ。それを整えてほしいなら、しかるべき会社に行ってくださいって話なんだよね。

借金玉 それはさ、技術教えて顧客も紹介しろって話かよって感じだよね。最近よくライターになりたいって人来るよ。いやいや、「とりあえず1年間1日200回 twitter でつぶやけ」って言うとみんな帰っていきますけど(笑)。まあ、起業する人が「こうなるとは思わなかった、責任をとってほしい」って言う、信じがたい話って結構あって。これから「しょぼい起業」という概念というか、小回りがきく形でやるの、一種の社会現象になると思う。これからダーッと起業したい人が増えてくるんじゃないですかね。

えらてん 私は「会社をいますぐ辞めよう!」と言っているわけではないんだよね。本当に無理なんだったら、こういう生き方もあるよって言ってる。もしできるんだったら、会社にいたほうがいい。でも嫌なんだったら、「しょぼい起業」もあるよというスタンス。

借金玉 僕もそこ死ぬほど気を使っていて、つらかったら辞めていいよとは言ってるけど辞めろとは絶対に言わないようにしてる。

えらてん 生活保護だってあるよって言ってるだけで……。

借金玉　10年くらい前にも結構同じようなことがあったらしいですね。会社を辞めて、〝無〟をやった結果、〝無〟だったから、やはり〝無〟だった、って怒ってる人がいて。

えらてん　わっはっは（笑）。まあ、当然の話ですけど、「しょぼい起業」したから、人生すべてがうまくいきますよ、というわけではないからね。

借金玉　えらてんだって、いまは外から見るとキラキラしているように見えるかもしれないけど、最初はちっちゃくて泥臭い仕事をいっぱい重ねて、その小さいものを重ねに重ねたところに人が集まってきて、その積み上がった砂泥の部分がキラキラして見えるんだよね。

えらてん　きょうもチャリで来たし、バーのトイレ掃除やゴミ捨てとかも全部自分でやるっていう。

借金玉　執筆依頼の仕事も、相当安い単価のものからやって、ＰＶとれるようになっていくと、いろんな会社から仕事が来る。ただ単価が安い単純作業で、将来性が〝無〟って仕事もあるから、そこは見極めないといけないけどね。「しょぼい起業」の場合は、どこに仕事が落ちてるかを探すのが大切だと思う。結局、仕事拾いから始めるしかないんだよね。ニーズがありそうなところに自分から営業をかけられる若者は強いと思う。

えらてん 草むしりの延長ですけど、それがうまければ、別のデカい仕事も降ってくる。ずっと草むしりやらせてんの悪いなって気持ちは経営者とか仕事依頼する側にもある。

借金玉 10回草むしり頼んで、10回完璧に草むしりこなせたら、逆に絶対その人材手放さないよ。もっとお金になるから。

えらてん そうだね。結局のところ、草むしりを完璧にやれという話に落ち着くね（笑）。

借金玉 草むしりを馬鹿にする人ほど痛い目を見ると思います。

えらてん ほんっとにそうだと思う。ちょっとしたところだね、本当に。

借金玉 うっかり草むしりに感動して億出資してくれる人とか、たぶんいます（笑）。

えらてん いるいる、やっていきましょう（笑）。

（2018年6月　都内某所にて）

おわりに

さて、えらいてんちょうです。ここまで、「しょぼい起業」という概念について書いてきました。

もう一度書いておきますが、「しょぼい起業」の手段を使い、ある程度のコツさえつかめば、最低限生きていくのはそう難しいことではありません。しかし誰でも必ず成功して、無限にお金が降ってくる方法ではないことも事実です。

学校生活がつらい、アルバイトも何をやってもうまくいかない、就職活動がうまくいかなかった、就職してはみたけれど全然仕事ができない。そんな人はいっぱいいるのですが、そこで**「あぁ、私はもうダメだ、脱落者だ、生きていく価値がない」**と**「誰かが決めた価値観やルール」に縛られて、人生を放り投げてしまうのはあまりにもったいない**、と私は思います。そんな人に私が**「あなたに見えている道だけが道**

ではないよ、違う方向からでも山に登れるんだよ」と提示したのが「しょぼい起業」の概念です。

しょぼくたって、人は生きていけます。何も悲観することはありません。よく生きづらい社会だと言われますが、うまく使えば、社会はあなたに牙を向いてくることはありません。生きていくための固定費を減らしましょう。自分のできるアルバイトをしましょう。それも無理なら親に頼りましょう。どうしてものときは生活保護があなたを救ってくれます。

どうせ何もかも思いどおりになる人生なんてありません。だったら、成り行き任せに、自分の生きやすい方法で生きていくほうが、ストレスがかからないぶん、はるかに楽です。成功したら自分のおかげ、失敗しても自分のせい。その失敗だって、どうにも返せない借金とかに引っかからなければ何度でも再起できます。

私たちがよく使う「やっていきましょう」という言葉は、「やってあげますよ」でもなければ「あなたがどうやろうが、私は知らない」でもありません。「あなたが何かをやろうとして、自分なりのアクションを起こすのであれば、私は精いっぱい応援しますよ」という意味です。最終的にやるもやらないもあなた次第ですが、まずは動き出し、何かをやってみませんか。その最初の一歩がいちばん難しいことを私はよく知っています。

誰からお金を引っ張ってこれるか考えるのもいい、何かを開業する資金を貯めるためにバイトの面接に行くでもいい、物件の下見に不動産屋に行くでもいい。とりあえず、**きょうにでもあしたにでも、何か「あなたなりの一歩」を踏み出してみること**です。

やっていきましょう。

2018年11月　えらいてんちょう（矢内東紀）

しょぼい起業《きぎょう》で生《い》きていく

2018年12月25日　第一刷発行
2020年12月10日　第七刷発行

著　者　えらいてんちょう

装　丁　小口翔平+岩永香穂(tobufune)
イラスト　てんしんくん
編集協力　直本三十六
本文DTP　臼田彩穂
編　集　佐野千恵美
発行人　北畠夏影
発行所　株式会社イースト・プレス
〒101-0051
東京都千代田区神田神保町2-4-7 久月神田ビル
TEL:03(5213)4700
FAX:03(5213)4701
印刷所　中央精版印刷株式会社

ISBN 978-4-7816-1733-6 C0030